實現夢想のNLP教科書

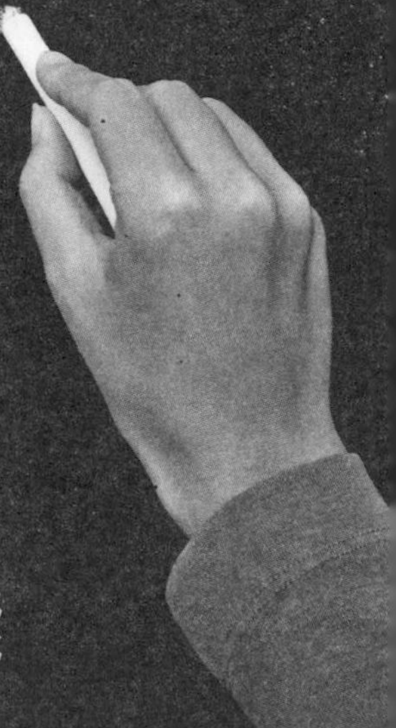

運用神經語言學，
發掘自己的無限可能

美國 NLP 協會認定訓練師 前田忠志◎著◎著
許乃云◎譯

前言

「希望對方能更瞭解我。」

「我說的是正確的事，但是對方卻不聽我的意見。」

「跟上司處不好。」

「想跟別人好好相處。」

人際關係，或是與人的溝通，其中各種煩惱不計其數，仔細探究，發現原因是「別人無法依照自己的想法去做」。

那麼，為何別人無法依照你的想法去做呢？

其實，無法依照你想法的，並不是只有別人。

「明明想要減肥，卻還是不自覺開始大吃大喝。」

「整理書桌好麻煩！」
「沒頭沒腦就對別人說任性的話。」
「想挑戰新的事物，但內心卻步。」

除了人際關係和溝通，還有自己行動和情緒的煩惱。
你的內心雖然想著「我好想變得不一樣」，但就是無法改變。
那麼，為何連你也無法依照自己的想法呢？

讓NLP來告訴你。
NLP是用來溝通、解決問題及實現目標的「工具箱」。利用大腦和語言，就能夠與別人建立良好關係，解決自我煩惱，以及實現自我夢想和目標。

溝通、解決問題、實現目標，這些並非觀念，也非才能，而是一種技巧。因為是技巧，所以是能夠學習的。

你之所以無法依照自己的想法，是因為你根本不想做。

我們的內心有兩個自我，一個是想依照自己想法的自我，另一個是不想依照自己想法的自我。

如果你一直煩惱著「無法依照自己的想法」，這並不是一件好事。

運用ＮＬＰ，就能夠讓自己的思考、情緒跟行動，都順從自己的想法。

別人之所以無法順從你的想法，是因為別人並不想依照你的想法去做。

就好像你不喜歡照別人的意思行動，別人當然也不喜歡照著你的意思行動。

雖然事實如此，但你若總是因「別人無法依照我的想法」而煩惱，也並不是一件好事。

但是運用ＮＬＰ，就能夠與他人建立起良好的關係。

我得到ＮＬＰ創始者——理查．班德勒先生的認可，成為一位合格的ＮＬＰ訓練師，並開設了ＮＬＰ的講座。

在實務上，我見證了許多人透過ＮＬＰ，讓自己發光發熱。在這邊我要介紹一些學員的上課心得。

・從ＮＬＰ得到的最大收獲，讓我理解到，我能夠達成理想的自我，同時也活化了我的感性，讓我的感覺變得率直，使快樂的事情變得更快樂。

（30歲世代・女性・上班族）

・上了ＮＬＰ的課，讓我想要實現以前的「夢想」，未來的目標也變明確了。我想起過去要「考取建築師執照」的目標，因此我開始去上課。

（30歲世代・男性・上班族）

・我和一位許久不見的友人碰面聊天，對方說：「跟上次見面的時候比起來，我感覺你的內心閃閃發光，看到了你無限的可能性，你真的變得很漂亮呢！」

（30歲世代・女性・上班族）

・有一位病人很愛挑剔，總是對護士或員工們抱怨連連。我用NLP的技巧跟這位病人互動，結果他竟然握著我的手，對我說：「在我碰過的所有醫生裡面，你是最棒的。」

（30歲世代・女性・醫生）

・一件事情用不同的角度來觀察，有好的一面，也有壞的一面，我的思考方式變得柔軟有彈性，不會讓壞的感覺一直停留在心裡。

（40歲世代・男性・上班族）

學員的許多回饋，告訴我NLP能夠引發人們的可能性。本書自許為「NLP教科書」，擁有三個特徵：

●是為ＮＬＰ初學者所寫的書

本書是為ＮＬＰ初學者所寫的書。

你不需要具備ＮＬＰ相關的經驗或知識，就可以閱讀這本書，而且，無論任何人都能夠愉快地閱讀。

●具備ＮＬＰ標準技巧

本書所記載的，是ＮＬＰ的標準技巧。

我統整了所有ＮＬＰ學校的課程大綱，這本書裡所介紹的技巧，是每間學校都通用的ＮＬＰ基本技巧。

●用於日常生活中

NLP並不是書桌上的一門學問，而是實踐的技巧。本書除了依序介紹技巧，以及說明理論，並用簡單易懂的方式，介紹如何將技巧實踐在日常生活中。

學習NLP，能夠提升人生品質，歡迎您進入NLP的世界。

現在，讓我們現在一起打開NLP大門吧！

前田忠志

CONTENTS

Part 3 與他人相處融洽

Part 4

引導他人

Part 5

改變行動及情緒

Part 6 改變討厭的自己

Part 7

實現夢想

Part
1

NLP是什麼

歡迎來到充滿魅力的NLP世界。

NLP是溝通、解決問題及實現目標的「工具箱」。

在Part1，首先介紹什麼是NLP。

在這一部分，我要介紹一些必須具備的NLP基本概念，對於日後運用NLP工具箱，會有很大的幫助。

NLP是創造新自我的「工具箱」

打開他人的心，與人相處，引導他人

有句話說「熱情必定會感染給別人」，這是真的嗎？

是的，當你懷抱著熱情，別人或許一開始不太會理睬你，但最後終於會被你感動。

然而，你應該有過這樣的經驗。當你想買些什麼而進到一家商店，店員熱心地向你做商品介紹，但你卻只想儘快逃離。

熱情有時可以傳達出去，卻也有傳達不出去的時候。當熱情傳達不出去，此時，越是懷抱熱情，對方越是想要逃離。所以，想要傳達熱情以前，必須要先打開他人的心房。

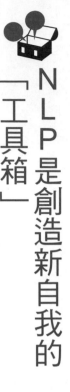

有了打開他人心房的基礎，就能與人相處融洽，並進一步引導對方，達到良好的溝通效果。

當人際關係發生問題，我們往往會覺得是別人的錯，但是要改變別人是很困難的。這時能夠改變的，只有自己的溝通方式。

NLP具有各種各樣的溝通技巧。

本書將於第2部分「打開他人的心」，第3部分「與他人相處融洽」，以及第4部分「引導他人」，分別介紹與人溝通的技巧。

改變自我，讓夢想實現

溝通不僅是與別人，自我溝通也很重要。

與自我溝通，是一種療癒的技巧，能夠幫助自我改變及成長。

相信人人都想消除煩惱，實現夢想和目標，成為理想中的自我。若無法達成，是因為沒有與自我進行良好的溝通。

舉例來說，很多人想要減肥，但是卻做不到。

減肥的方法，人人都知道，重點在於消耗的卡路里，要比攝取的卡路里多，簡而言之，就是少吃多動。雖然這個道理大家都知道，但結果卻還是不自覺地大吃大喝。

這是因為你的內心存在兩個自我，一個是不想吃的自我，另一個是想吃的自我。因為你聽從了想吃的自我，所以無法停止吃喝。

只要能與自我進行良好的溝通，就能夠消除煩惱，實現夢想和目標。

在本書後半第5部分「改變行動及情緒」、第6部分「改變討厭的自己」以及第7部分「實現夢想」，會進而介紹自我溝通的技巧。

任何人都能夠拿來應用

NLP是由理查．班德勒（Richard Bandler）及約翰．葛瑞德（John Grinder）兩位大師，於一九七〇年代所創立的。

當時，心理治療法的領域中有多個學派，其中大部分的心理治療法，都將重點放在病患的問題，專注於尋找原因。

但相較於尋找問題，理查．班德勒及約翰．葛瑞德卻將重點放在心理治療師，而非病患身上。他們研究了弗烈茲・皮耳斯（Fritz Perls）的「格式塔療法」，維琴尼亞・薩提爾（Virginia Satir）的「家族治療」，以及米爾頓・艾利克森（Milton Erikson）的「催眠療法」，將語言的運用方法系統化，讓任何人都能運用。

後來，ＮＬＰ的發展延伸至各種領域，至今仍在持續發展。除了心理治療，在日常生活中，或是工作場合，都能夠加以運用。美國總統、職業運動選手以及企業經營者，都會活用ＮＬＰ，以提升成果。

無論是內心感到痛苦的人，或是活躍於社會第一線的人，任何人都能夠運用ＮＬＰ。

程式可以重設

「ＮＬＰ」是縮寫，取Neuro-Linguistic-Programming第一個大寫字母而成，中文譯成「神經語言程式學」。

Neuro是「神經」，有五種感官和感覺。人類透過視覺・聽覺・身體感覺・嗅覺・味覺這五感來體驗事物。

Linguistic是「語言」。透過五感，將得到的資訊，用語言思考、定義，進行溝通。

Programming是「程式化」，意思是思考或動作的模式。人腦就像電腦，會依照程式而動作。只要改寫程式，就能夠得到理想的成果。

NLP說明了神經、語言、程式三者如何產生交互作用。

舉例來說，上司來到你面前，對你說「工作要做得更確實」，此時，你看得到上司（視覺），聽得到上司說話（聽覺），這就是Neuro（神經）部分。

將與上司對話的經驗，定義成「又被罵了…」並化成語言說：「對不起。」這就是Linguistic（語言）的例子。

接著，在你腦中會出現一個思考模式，認為「我怎麼都做不好…」這就是Programming（程式化）的例子。

程式是可以重設的。只要將「我怎樣都做不好…」改變成「只要我肯做一定辦得到」，以後凡是上司對你說「工作要做得更確實」，你就會將這句話定義成「他對我有所期待」，於是你自然而然就會說出「我會好好努力」。

重設程式，就能往理想邁進

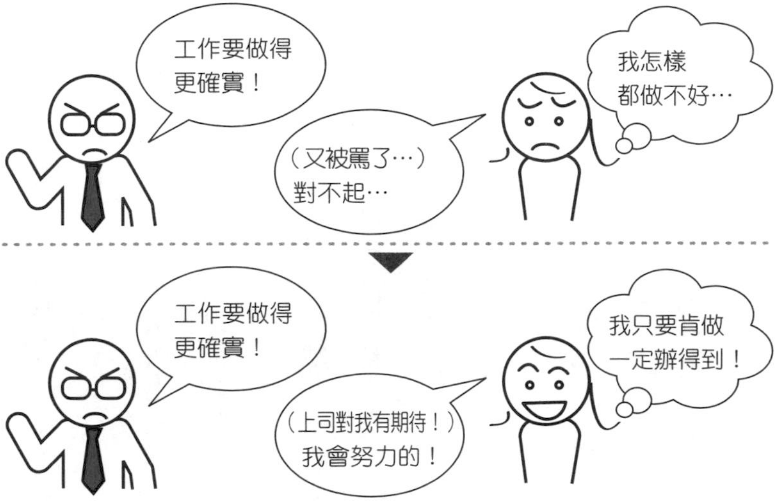
工作要做得更確實！
（又被罵了…）對不起…
我怎樣都做不好…
工作要做得更確實！
（上司對我有期待！）我會努力的！
我只要肯做一定辦得到！

要自由，靠自己

學習NLP的人越來越多。

許多人都覺得，生活好像過得很充實，卻又好像少了什麼。想增加收入，但不是一味埋頭苦幹，而且收入變多不見得是好事。

有不少人發現，社會地位或薪水等社會標準，並非自己的幸福標準，因此想要重新掌握自己的人生方向盤。

能夠珍惜自己重視的事物，這是一件好事，但是其實很多人都不知道自己想要重視的是什麼。

有些人即使知道自己重視的事物，

卻無法向前邁進，或是事與願違。

在思考、情緒及行動僵化之際，找不到自己重視的事物，也無法往理想邁進，這樣下去不是辦法……。

NLP在這個時候就可以派上用場。

NLP的創始者理查．班德勒將NLP定義如下：

「NLP指導人們如何提升人生品質，是核心，是方法論，也是技術，這是一種工具，教導人們如何與自我或他人進行良好溝通。NLP是用來幫助人們思考、感受及行動，達成自由。」

理查．班德勒《理想人生》（白石由利奈監譯，ELLE書房）

因為NLP，「人們的思考、感受及行動，能夠達成自由」。

NLP並非思想或宗教，不是「該這麼做」，而是「若p則q」的邏輯論。

你不再需要強迫自己「一定要這麼做」。雖然每個人都有過去，但沒有必要受到過去的束縛。

由你創造自己的未來，幫助你實現未來，正是ＮＬＰ。

NLP從這裡開始

NLP的前提

在NLP中，有「NLP的前提」，這是指基本的思考方式。NLP的技巧就是以「NLP的前提」為出發點。「NLP的前提」來思考，可運用在人生的各種情況中。

你是否有過這樣的經驗？

常常惹老闆生氣，但是一被老闆罵，情緒就變得低落，所以希望老闆不要再生氣了。

NLP這樣思考

老闆如果是很容易動怒的人，想要改變老闆，並不是件容易的事，因為這位老闆應該幾十年來都是這樣的個性。

改變老闆很困難，但是可以改變自己。老闆生氣，此時，可以讓自己不要出現負面情緒。**我們雖然無法改變別人，但是可以改變自己。**

ＮＬＰ認為，與其改變你的實際經驗，不如改變自己的反應方式。

例如，有懼高症的人，會避免到高的地方，但與其這麼做，不如學習到高處也不會害怕的方法。

往事令人討厭，但是你沒辦法改變過去已經發生的事；想改變，卻改變不了，的確是一件痛苦的事，但是你卻可以不去討厭往事。

ＮＬＰ裡面有各種技巧，可以教你如何改變實際經驗的感受過程。

NLP 前提❶

與其改變實際經驗，不如改變實際經驗的感受過程。

你是否有過這樣的經驗？

員工常常輸錯資料。每當員工出錯，你會提醒對方「下次注意一點，不要再出錯了」，但是仍然頻頻出錯。

如果你已經提醒對方，但還是無法減少錯誤，可以試著用問題反問對方，「如果要正確輸入資料，你覺得應該怎麼做比較好？」

溝通並沒有萬能的句子，溝通方式會因人而異，有些人只要提醒對方，「下次注意，不要再出錯」，就不會再犯。但有些人即使你反問：「你覺得應該怎麼做才能正確輸入資料？」仍然不會改變。

重點是，**當你溝通不順利，此時，要試著改變自己的溝通方法**。

與別人溝通時，常常會發生「我說的話沒有傳達出去」、「明明我有說，對方卻沒有做」等狀況，此時，我們很容易將問題怪罪到別人身上。

接著便會產生「沒有傳達出去，是別人的錯」「明明我有說，對方卻沒有做，是別人的錯」「我明明提醒過，卻還是做錯，可見是別人的錯」等反應。

但是，溝通的真正意義，不是自己說過什麼，而是在於對方接收以後的反應。

溝通就好像接球遊戲，對方沒有丟球回來，是因為你投的球對方沒接到。但若是對方沒有把球丟回來，你就必須改變自己的投球方式。

溝通也是相同的道理，若是得不到理想的反應，就有必要改變自己的溝通方式。

NLP前提❷ 溝通的意義，在於對方接收以後產生的反應。

你是否有過這樣的經驗？

在公司被任命為會議主持人，上司期待你主持一場「成功的會議」，你自己也很想讓會議成功。

NLP這樣思考

我們運用視覺．聽覺．身體感覺．嗅覺．味覺這五感，來辨識周圍的環境及自己的行動。

要主持一場「成功的會議」，這個主題是不明確的，無法成為行動方針。但若能好好運用五感，你就能夠想清楚何謂「成功的會議」。

所謂一場「成功的會議」，或許是指會議的參加人員，通通都是以專注的神情（視覺）參加會議，或許是可以聽見參與者理性地討論（聽覺），並感受到參與者全神貫注的感覺（身體感覺）。

或是會議參與者皆面帶笑容（視覺），可以聽見參與者相互提出意見，不時夾雜笑聲（聽覺），並感受到興奮的感覺（身體感覺）。

像這樣運用五感，就能夠產生不同的行動方針，在溝通上比較不容易出現問題。

NLP 前提③

對於周圍的環境，或自己的行動，人類能夠辨識的所有事物，是透過視覺・聽覺・身體感覺・嗅覺・味覺的反應。

你是否有過這樣的經驗？

你從以前就一直有個夢想，有一天你一定要創業，但是，你卻遲遲無法進行。身為一個上班族，你已經累積了不少經驗，也得到不少成果，你卻害怕挑戰，害怕創業失敗，你怕一切都會化為烏有。

NLP 這樣思考

我們每個人都想讓自己變得更好。

要讓自己變得更好，需要技巧、經驗、信念、價值觀、人際關係、時間、金錢等事物。NLP將這些這些事物稱為「資源（resource）」。

發生改變所需的資源，其實早已存在每個人心中。

想要創業，卻害怕失敗，對這樣的人來說，是受到「害怕失敗的想法」所限制。然而，想要創業卻不去嘗試，人生就這樣結束，當你的人生走到最後一步，想必會覺得自己的人生失敗，因此感到後悔。

如果你不想感覺人生失敗，就要向創業挑戰。只要能夠以不同的觀點來看待人生，你不想失敗的想法，就會是你的資源。

想要創業的想法是一種資源，身為上班族，從工作中得到的經驗、能力及自信也是一種資源。

當你發現自己沒有任何作為，並不是你沒有資源，而是沒有發現資源在哪裡。

NLP前提④

產生改變所需的資源，其實早已存在每個人身上。

你是否有過這樣的經驗？

在公司製作資料，此時老闆說：「這個資料，這邊改一下比較好」，你聽了心想，「沒得到老闆認同……我果然不夠好。」

NLP這樣思考

一張地圖沒辦法將現場原原本本地展現出來。想要將一個地點化為地圖，要將建築物簡化，用直線來標記彎路，或是用簡單記號來標記不同的東西。將地點簡化・扭曲・一般化之後，才會變成地圖。

即使是相同的地點，也會因為不同的簡化、扭曲及一般化，而製作成不同的地圖。

一張有用的地圖，是做了適當的簡化、扭曲及一般化。人們依照這些地圖，就能夠前往目的地。

然而，即使是代表相同地點的地圖，有時候依照地圖指示仍無法抵達目的地。此時，不是因為現場出了問題，而是地圖出了問題。

人的所有體驗，也可以用類似的方式來解釋。

當你在讀這本書時，聽不太到周圍的聲音。但你只要稍微注意一下，就會聽到一些

地圖是將現場簡化、扭曲及一般化

現場

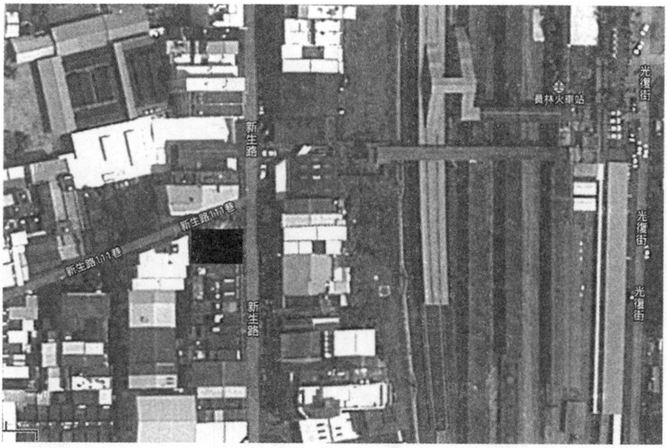

地圖

沒用的地圖

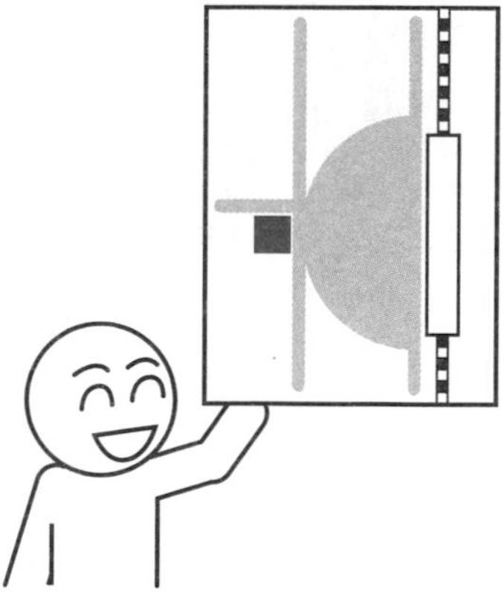
有用的地圖

聲音。此時你應該沒有意識到手腳的感覺，但只要稍微注意一下，就會感覺到手腳好像碰到什麼東西。

我們並非完整感受現實，而是將現實簡化、扭曲及一般化。現實會在內心反映為地圖。

當主管說：「這個資料，這邊改一下比較好喔」，你內心會覺得「沒得到主管的讚賞……我果然不行」，是因為你的內心描繪了無用的地圖。只要改變內心的地圖，你就能夠換個想法，覺得「主管是在指導我，是個成長的好機會！」

問題不在於實際狀況，而是在於內心無用的地圖。

我們的體驗並非實際狀況。這在NLP稱作「地圖並非現場」，或是「地圖並非疆域」。

對於同一件事情，可以描繪出各種不同的內心地圖。即使是同一件事，在內心描繪的地圖也會因人而異。

明明是看同一部電影，有人覺得很有趣，有人覺得很無聊，這是因為內心地圖不同的關係。

你稱讚別人「很認真喔」，但是卻不小心傷了對方，這就是因為內心地圖不同的關

內心地圖是將實際狀況簡化、扭曲及一般化

實際狀況
主管
這個資料，這邊改一下比較好喔。
內心地圖
沒得到主管的贊同。
主管在指導我，是個成長的好機會！
沒用的地圖
有用的地圖

係。

內心地圖無所謂正確與否，但是想要與他人有良好的溝通，就要尊重他人的內心地圖。

NLP前提❺

地圖並非疆域（實際狀況）。

你是否有過這樣的經驗？

你經常遲到。你為此感到相當後悔，給旁人添麻煩。你覺得自己真是個「糟糕的人」。

NLP這樣思考

一般認為「遲到的人很糟糕」，我

們經常以人們的行為來判斷對方的價值。

但是「糟糕的人」並不等於「沒有價值的人」。經常遲到的人，只是習慣了遲到的模式，人的價值跟遲到與否毫無關聯。

任何人都有正面的價值，我們的存在是有價值的。人的價值是一定的，人的價值不會因為遲到就降低。

這並不是說遲到就沒關係，問題本身不在於個人，而是在於個人的反應。例如，一個人對於自己的遲到感到很後悔，是因為內在出現了不理想的反應。如果給旁人添了麻煩，則是外在出現了不理想的反應。

NLP 前提⑥

人具有一定的價值。內在及外在的反應皆有一定價值，但我們必須做出適當判斷。

你是否有過這樣的經驗？

每天晚上總是不自覺地熬夜，熬夜只是減少睡眠時間，沒有任何意義。總是想戒掉這個壞習慣，但是怎樣都戒不掉，很討厭這樣的自己。

NLP 這樣思考

想戒但是戒不掉熬夜。我們都有想戒但是戒不掉的行為，常常不自覺地重蹈覆轍。

這些行為與唸書等有目的、有意識的行為不同。唸書有目的，但是熬夜卻不是有目的的。

但其實熬夜這個行為本身，還是有某種目的。例如，熬夜能夠讓你感受到自由，因此熬夜這個行為，包含了自由這個正面的目的。

熬夜有時候也會有意義，像是跟朋友聊整夜，此時，熬夜就具有目的了。

人的所有的行為舉止，背後都有正面的意圖，可以在某些狀況中表現出來。

世界上沒有完全無意義的行為。

NLP 前提⑦

所有的行為舉止，背後都有正面的意圖。所有行為舉止的意圖，都可以在某些狀況中表現出來。

你是否有過這樣的經驗？

減肥失敗。吃飯的時候會注意卡路里的攝取，但是看到餐廳的菜單，卻又忍不住點了想吃的東西。

NLP這樣思考

在NLP的領域裡，沒有「失敗」二字。不管有沒有達到理想的結果，都是「成功」。

明明在減肥，但是看到菜單卻又忍不住點了想吃的東西，這並不是失敗，而是看到菜單點了想吃東西的這件事成功了。

只是這並非你的理想結果。當你無法得到理想結果，只要改變方法，就能夠得到理想結果。

有人對愛迪生說，「你為了發明電燈，居然失敗了一萬次，真是辛苦你了。」愛迪生卻這麼回答：

「我從來沒失敗過，我只是找到了一萬次錯誤的方法。」

NLP前提❽

沒有失敗，只有回饋——對於工作等狀況，即使得不到理想結果，請記住，任何結果與行動皆是成功的。

做不到也要學

學習的四個階段

起初沒有人會

相信大多數人都會「打繩結」，但這並不是與生俱來的，而是一步步依照四個階段學會的。

◎第一階段

起初沒有人知道打繩結的方法，也不會打繩結。這個階段稱作「無意識的無能」。

這是「不知道也做不到」的階段，發生在學習之前。

◉第二階段

為了學會打繩結，請別人教導方法，此時知道方法卻還做不到。這個階段稱作「意識的無能」。是「知道卻做不到」的階段。

◉第三階段

依照方法，小心翼翼地嘗試，結果終於學會如何打繩結。這個階段稱作「意識的有能」。是「知道，有意識地進行就做得到」的階段。

◉第四階段

不斷練習相同的動作，不需提醒也能夠打繩結了。這個階段稱作「無意識的有能」。是「不需要特別意識也做得到」的階段。

壓力在第二階段

其實不只是「打繩結」，任何學習皆擁有這四個階段，在NLP中稱作「學習的四個階段」。其中每一個階段都是學習的一部分。

在這四個階段中，最容易感受到壓力的是第二階段，這個階段是知道卻做不到。要完成這個階段，需要學習。

以ＮＬＰ的初學者來說，由於剛開始學習，大多的ＮＬＰ技巧應該都還停留在第一階段。閱讀本書後嘗試練習ＮＬＰ技巧，但一開始或許不是很順利，表示此時位於第二階段，比第一階段已學到更多。

看著書做練習之後，漸漸學會一些技巧，這種情況，表示已進入第三階段。而藉由反覆練習，就能夠進入第四階段。

Part
2

打開他人的心

在NLP這門學問裡，有兩種實用的技巧。一種是與他人溝通的技巧，另一種則是與自我溝通的技巧。

首先要介紹與他人溝通的實用技巧。

為了有效地與他人溝通，必須要先開啟對方的內心。在Part2中要介紹打開他人內心的技巧。

創造和諧氣氛

親和感

溝通對象是否敞開心房？

有一個人走進馬路上的房屋仲介公司，在櫃台旁椅子上坐了下來，身體往後靠，用低沉的嗓音，開始了與仲介的對話。

「我一個人住，我想租這附近新蓋好的房子。」

仲介的身體趨前，迅速地反應。

「這是我推薦的新房子，格局是一房，離車站很近，相當受歡迎。」

「你說這個嗎？」

「是的，可以馬上參觀。新房子很搶手，建議您儘快安排比較好喔。」

「是這樣啊，但是我今天還沒有準備好……」

無論房子好不好，這位仲介的待客之道，在溝通上似乎已出了問題。因為待客和溝通都有問題，因此使得業務無法順利推動，這是一件很可惜的事情。

仲介要做什麼改變，才能有更好的待客之道呢？

顧客在選擇商品，或是決定要不要購買以前，會先判斷店員值不值得信賴。但是在這個例子中，仲介的待客之道，無法獲得顧客的信賴。若是無法得到顧客的信賴，不管店員說什麼，顧客都不會接受。

溝通時，當你想積極說服對方，首先要讓對方敞開心房。

當人們敞開心房，呈現信賴感及安心感的狀態，稱作「親和感」。親和感（rapport）在法文是「關係」的意思。

是否敞開心房並非由意識決定，而是由無意識決定。親和感則是在無意識狀態下同步產生的。

一旦缺乏親和感，溝通就會不順利，不管商品再怎麼出色，也賣不出去。

人不會只因為熱情被打動，也不會只因為道理被打動。要打動別人，必須要以親和感作為基礎。

運用「回溯法」

一般而言，顧客並不會對初次見面的店員敞開心房，因此，店員必須要先與顧客建立親和感。

前面的例子中，當顧客說，「我一個人住，我想租這附近新蓋好的房子。」此時，仲介回答，「這是我推薦的新房子，格局是一房，離車站很近，相當受歡迎。」

仲介或許是抱著想提供優質訊息給顧客的想法，所以這樣回答。但是顧客可能卻會因為這句話，覺得「你都沒有在聽我說」，反而將內心封閉起來。

顧客雖然是說一個人住，不代表他想住一房的房子，也不代表他想住車站附近的房子，說不定他覺得大一點的房子比較好，又或許他想住離車站遠一點、較安靜的地方，有顧客個人的需求。

一旦聽到與自己的想法相違背，人們就會將內心封閉起來。

為了避免發生這樣的情況，重覆對方的話是很有效的。重覆說話的動作，稱作「回溯法」。英文Backtrack是「走原路回去」的意思。

當顧客說「我一個人住，我想租這附近新蓋好的房子。」此時，運用回溯法，就可以說「您希望是一個人住，新蓋好的房子。」來回應。

當客人聽到這句話，會覺得你有接收到他的期望，因而產生安心感，接下來的對話會進行得也較順利。

很多不擅長溝通的人，都想讓口才變好。其實提升溝通技巧的捷徑，首要是學會如何傾聽，而不是訓練口才。

每個人都想讓別人瞭解自己，想讓別人覺得自己是重要的。透過傾聽，就能夠滿足這樣的想法。

人們只有少數是「希望別人告訴我」，相較之下，大多數人則偏好「希望別人聽我的」，原因正在於此。

多運用「好」、「是喔」、「嗯」等字眼來回應對方，表示你有在傾聽，但是回溯法則是更強而有力的傾聽法。

回溯法有多種運用方法，其中最簡單的是重覆對方的最後一句話。也可以將對方的話整理成重點，或是用對方話中的關鍵字做回應。

回溯法不僅限於用在待客，在重要場合，這個方法特別具有效果。但如果過度運

回溯法的三種運用

A公司已經如預期，向我方提出了降價的要求。對方希望我們能夠降價10%。我想要檢討一下對方提出的條件，再回應對方。
所以現在是要檢討條件嗎？
重覆最後一句話
關於A公司降價要求的事情嗎？
整理重點
A公司是10%嗎？
用關鍵字回應

用，會讓對方覺得你很故意，特別是熟識關係，在進行日常生活對話時運用回溯法，反而會相當不自然。

溝通不只是運用技巧，更重要的是要活用技巧。

●「同步」配合

一提到溝通，很多人都很容易誤以為是以語言來進行，但實際上，「非語言」也是溝通的重要因素。

例如，是面帶笑容大聲道「早安」，還是低著頭小小聲地道「早安」，兩者造成的印象會很不一樣。這就是用非語言的方式進行溝通。

在溝通的領域中，我們可以用各種方式來配合對方，這個動作稱為「同步」（pacing）。

對於與自己相似的人，或是擁有較多共通點的人，我們會感到親切與安心。透過同步，可以建立親和感。同步有以下幾種方法：

◉配合對方的外觀、姿勢

前面的房仲例子，顧客的身體往椅背靠，但是仲介說話時身體卻趨前。

要建立親和感，可以先觀察對方的外觀、姿勢、舉動等身體動作，再加以配合。像這樣配合身體的動作，稱作「鏡映法」（mirroring）。Mirror指的是鏡子，有如照鏡子一般配合對方的身體動作，就是鏡映法。

例如，對方是否挺直身軀，身體向前傾還是向後傾，椅子坐較深或較淺，手是放在膝蓋上還是放在桌子上，像這些小地方都可以觀察出來。還有像是點頭的動作大小或時機等等，也都可以根據對方的姿勢而變動。

親和感是在無意識層次同步的狀態，姿勢和舉動也是無意識的。這種利用無意識的鏡映法，是一種有效建立親和感的方法。

Part 1 Part 2 Part 3 Part 4 Part 5 Part 6 Part 7

鏡映法與模仿不同。在鏡映法中，說話的時候，我們會運用肢體動作，但並不是完全去模仿對方的肢體動作。

親和感是讓對方安心，使對話順利進行的感覺。要是你察覺到對話的人正在模仿你，你會覺得被對方玩弄、控制。

進行溝通的兩人動作相符是很自然的事情。當你看到感情很好的兩人正開心地聊天，他們很自然地就會做相同的動作，例如一方拿起飲料時，另一方也會將飲料拿起。

這樣的狀態，就稱作鏡映法。

◉配合對方的說話方式

前面的房仲例子，顧客用低沉嗓音說話，但仲介卻說得很快。

仲介應該要跟顧客一樣，用低沉的口氣說話，雙方才會有良好的溝通。

依照對方的音量大小、速度、聲調等，來配合對方，可以有效地建立親和感。

◉配合對方的其它因素

除了姿勢或說話方式以外，下面所舉的因素，是能夠依照狀況不同而配合的情形。

能夠配合對方的因素越多，越容易建立親和感。

- **詞彙**：可以在用字遣詞上配合對方。例如將「新蓋好的房子」說成「新屋物件」，就是配合對方詞彙的用法。
- **呼吸**：可以配合對方的呼吸快慢或深淺。
- **情緒**：可以配合對方的情緒強度或起伏變化。當對方很認真地說話時，若你是以隨意的態度來聆聽，是無法建立親和感的。

從「同步」到「引導」

溝通，目的是為了達成理想狀態。

為了達成理想狀態而帶領對方，稱作「引導」（leading）。

有了足夠的同步基礎，再建立親和感，就能夠有效地進行引導。

溝通有如交際舞。開始互相配合，當雙方節奏一致之後，就能慢慢地引導對方。

在沒有建立親和感的情況下，即使想引導對方，也無法順利進行。

此時，即使是為對方著想而說的話，也不會得到對方的理解。

引導時需要有親和感

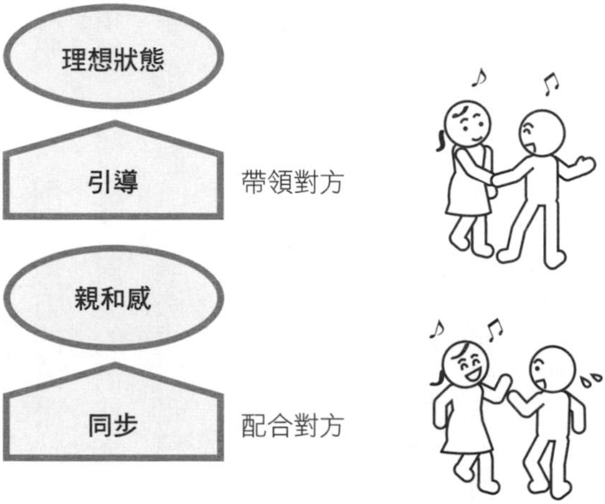

若無法得到對方的理解，即使言之有理，或是滿懷熱忱地向對方闡述，也無法順利得到對方的肯定。

我們不會只因為道理而被說服，也不會只因為熱情而被說服。

並不是理論有誤，也並非熱忱不夠，而是缺乏親和感的關係。

在沒有建立親和感的情況下，就貿然引導對方，對方只會更加封閉內心，引導會變得更加困難。

當引導不順利，需要的不是進一步的引導，而是同步。

前面的房仲例子，若仲介運用回溯法，然後從同步到引導對方，就會變成下面的情形：

容易建立親和感的溝通方式

我一個人住，我想租這附近新蓋好的房子。
是一個人住，新蓋好的房子嗎？
回溯法
說話方式的同步
外觀的同步（鏡映法）

依照對方的語言及非語言因素來配合對話

「我一個人住，我想租這附近新蓋好的房子。」

顧客的身體往後靠在椅背上，用低沉的嗓音說話，因此仲介也應該配合顧客，身體往後靠，用低沉的嗓音說話。

「您希望是一個人住，新蓋好的房子對嗎？」

「是的。只是我完全不知道有哪些房子，所以沒有什麼特別的需求，但我想要新房子，因為比較乾淨。」

「沒錯，新房子比較乾淨，但是相對地房租會比較貴。」

「和我想的一樣。雖然新房子比較好，但看看條件，屋齡比較淺的房子，我也可以考慮考慮。我想要乾淨的房子，就算離車站遠一點也沒關係。」

「那我幫您查一下，您需要看一下資料嗎？」

「好啊，那就拜託你了。」

「人心有如降落傘，不展開就無法使用。」

約翰・奧斯本（John Osborne）

看透他的心

觀察測度法

觀察非語言的訊息

人在高興的時候會面露笑容，困惑的時候會皺眉，透過舉止或表情這類的非語言訊息，人們可以傳遞心理狀態。

因此，**藉由觀察非語言訊息，我們就可以分辨人們的心理狀態，這叫作「觀察測度法」**。

透過觀察測度法，可以分辨他人的狀態是開心、困擾、了解、滿足、不安、生氣還是已產生親和感等等。

觀察測度法（calibration）本意是「測量刻度」的意思。

觀察測度法不只有單純的觀察，還要透過觀察去分辨對方的心理狀態。

非語言的訊息

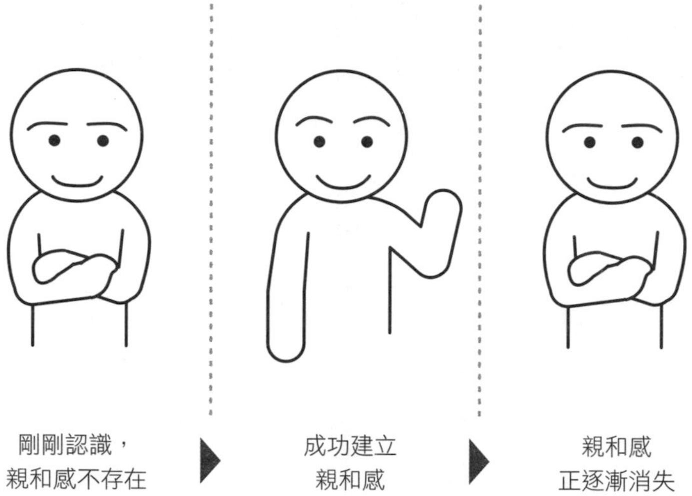

舉例來說，初次碰面時，對方一開始會將雙手交叉放在胸前聽你說話，漸漸會把交叉的雙手鬆開。此時，有沒有將雙手交叉放在胸前，就成為你是否與對方成功建立親和感的線索。

當說話說到一半，對方又再度將雙手交叉放在胸前，我們可以得知親和感正逐漸消失。

親和感在溝通裡面是很重要的，但是別人不會用語言來告訴你「親和感建立好了」「親和感消失了」，而是要你積極地運用觀察測度法來判斷親和感是否建立成功。

觀察測度法並非刻板印象

觀察測度法不同於臆測或刻板印象。

很多人開心的時候會滿臉笑容，但並非所有的人皆如此。有些人雖然沒有展露笑容，卻還是感到很開心。你只需仔細觀察就會發現，當這樣的人開心的時候，點頭的次數會變多；無聊的時候，則會開始東張西望。

像這樣的訊息會因人而異。找到訊息以判斷對方的狀態，就是觀察測度法。

訊息有分看得見的、聽得見的，以及感覺到的訊息。

◉看得見的訊息

身體的角度或姿勢、手的動作、腳的動作、雙手交叉、蹺腳、頭的角度、點頭、表情、臉朝的方向、臉部肌肉、臉色、眨眼、眼神、淚腺、嘴形、膚色、汗水等等。

◉聽得見的訊息

音量的大小、速度、高低、步調、話的多寡等等。

◉感覺到的訊息

體溫、味道、握手時的感覺等等。

嘴上說「我很好」並不代表真的很好

觀察測度法是每一個人都能在日常生活中實行的方法。

當你看到某人的臉色很差，你問他「還好嗎？」或是你從他異於平常的說話方式發現他撒謊，這些都是觀察測度法的例子。

提升觀察測度法的技巧，有助於進行良好的溝通。

不僅能夠分辨對方語言的狀態，也能夠分辨與語言違背的狀態。

例如，即使對方嘴上說「我很好」，但實際卻是不太好。這時，如果你的觀察測度法技巧不好，你會完全接受對方所說，而不經意地回應：「那就加油囉。」但如果觀察測度法技巧良好，就會發現對方其實很沮喪，你的回應就會變成：「你是不是要休息一下？」

人們經常有說話和實際狀況不一致的情形。像是口裡說「我沒生氣」實際卻很生氣，說「很開心」卻覺得無聊，說「我知道了」卻完全不了解，說「我沒事」但其實已經忍耐到極限了。

觀察測度法的線索，是非語言的訊息，非語言的訊息多半是無意識的情況下產生的，比語言更容易呈現出真正的狀態。

提升觀察測度法的技巧，就能仔細且正確地觀測對方的感覺，甚至可以分辨出極細微的變化。

要提升觀察測度法的技巧，就要在日常的溝通中，多注意非語言的訊息，多多練習即可。

WORK

提升觀察測度法的技巧

請朋友協助你進行練習

❶ 請朋友想像跟喜歡的人在一起的場景，然後你來觀察朋友的非語言訊息。

❷ 接著請朋友想像跟討厭的人在一起的場景，然後你來觀察朋友的非語言訊息。

❸ 最後請朋友想像與某個人在一起的場景。你以非語言的訊息為線索，猜猜看朋友正想像與喜歡或討厭的人在一起。

運用五感的方式因人而異

表象系統

慣用的表象系統

現在請你想像你在海邊。你雖然可能正坐在室內，卻像在海邊。你的感覺如何？

有人會浮現彷彿眼睛看到的景象，「湛藍的海平面無限延伸，水平線上方有藍天白雲。」

有人會浮現彷彿耳朵聽見的聲音，「聽得見海浪的聲音，還有海鷗的叫聲。」

也有人會浮現彷彿身體感覺到的事物，「海風拂過臉頰，獲得解放的感覺，擴散至全身。」

人會運用視覺、聽覺、觸覺、嗅覺、味覺，這五種感覺的運用方式會因人而異。

當我們體驗在海邊的情形，會運用到五感，但人們並非平均地運用這五感，每個人

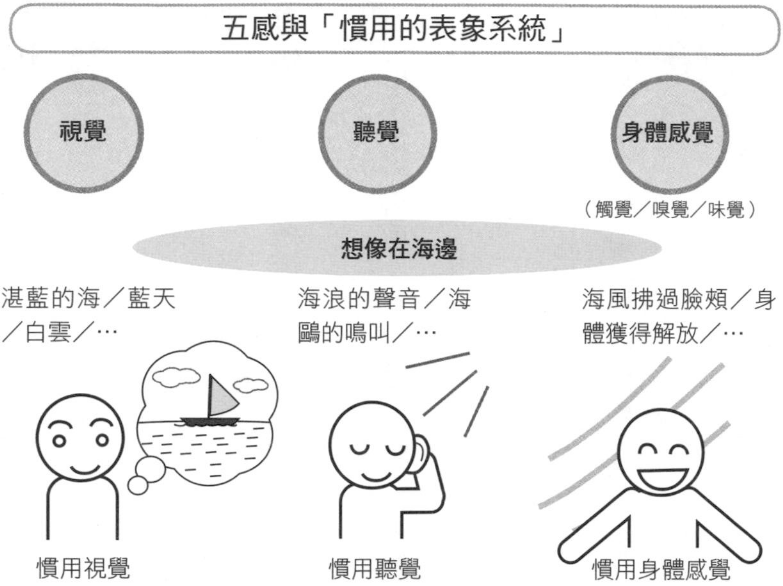
五感與「慣用的表象系統」
視覺
聽覺
身體感覺
（觸覺／嗅覺／味覺）
想像在海邊
湛藍的海／藍天／白雲／…
海浪的聲音／海鷗的鳴叫／…
海風拂過臉頰／身體獲得解放／…
慣用視覺
慣用聽覺
慣用身體感覺

優先運用的感覺都不同。就像手的使用有分左撇子和右撇子，人們比較習慣使用的感覺，稱作「慣用的表象系統」。

在NLP中，將視覺、聽覺、觸覺、嗅覺、味覺這五種感覺稱作「表象系統」，其中嗅覺、味覺、觸覺三種感覺合稱作「身體感覺」。

表象系統中會優先運用的稱作「慣用的表象系統」，會因人而異。

當你想像自己在海邊，此時，若是浮現「藍色的海平面」這一類視覺相關的詞彙，代表你慣用視覺。如果是「海浪的拍打聲」這一類屬於聽覺的詞彙，代表你慣用聽覺。如果是浮現出「海風拂過臉頰」這一類身體感覺的詞彙，代表你慣用身體感覺。

「慣用的表象系統」與溝通

接下來請你想像以下的場景。「一個對你來說很重要的人，面帶笑容地送你一個很漂亮的禮物，並在你的耳邊輕聲說『我愛你』，然後緊緊抱住你。」

這個時候，你能夠感受到被愛的感覺。

「面帶笑容地送你禮物」是視覺，「在耳邊輕聲說『我愛你』」是聽覺，「緊緊抱住你」則是身體感覺。

對你而言，其中最重要的是哪一項呢？

你覺得若缺乏就沒有被愛感覺的，是屬於聽覺、視覺、還是身體感覺呢？

如果是重視視覺，選擇「面帶笑容地送你禮物」，表示慣用視覺。如果是重視聽覺，選擇「在耳邊輕聲說『我愛你』」，是慣用聽覺。如果是重視身體感覺，選擇「緊緊抱住你」，則是慣用身體感覺。

慣用的表象系統會因人而異。如果相愛的兩人慣用的表象系統相同，那麼表現愛意

慣用的表象系統不同，就不易溝通

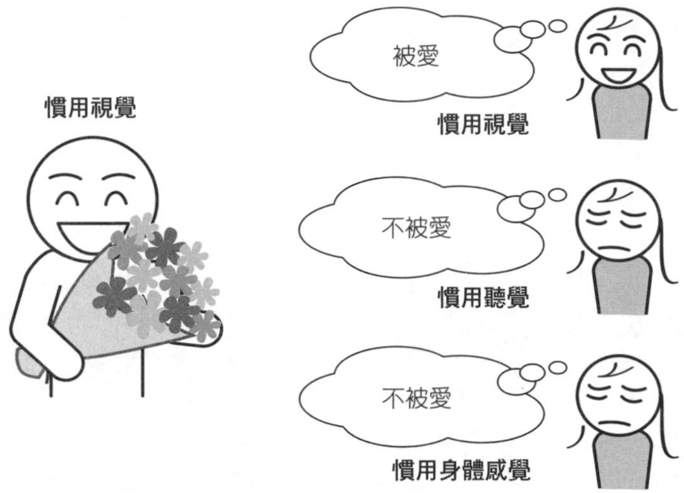
慣用視覺
被愛
慣用視覺
不被愛
慣用聽覺
不被愛
慣用身體感覺

的表象系統，與感受愛意的表象系統，兩者就容易達成一致。

但是若相愛的兩人慣用的表象系統不同，就容易發生一方明明已表現愛意，但是另一方卻感受不到的情況。

並不是沒有愛，只是愛的表現和接受方式不同罷了。

因此，與別人溝通時，若能夠知道並配合對方慣用的表象系統，會事半功倍。

● 如何分辨「慣用的表象系統」

要運用對方所慣用的表象系統進行溝通，必須要先分辨對方所慣用的表象系統為何。

◉慣用視覺者的特徵

慣用視覺者，說話的時候眼前會浮現畫面。由於畫面比語言多，為了將畫面用語言來傳達，這種人的說話速度就會變得很快，說話內容也常常會跳來跳去。這種人的視線多半向上，手勢很多，是因為要表現腦中顯示的畫面。

這種人說話時，經常會使用與視覺相關的詞彙，像是「看見」、「想像」等。

◉慣用聽覺者的特徵

慣用聽覺者，說話的時候對於詞彙的選擇很仔細，這種人的特徵是說話會先建立理論，視線多半呈水平橫向，手會常常碰觸耳朵或下巴。

這種人經常使用與聽覺相關的詞彙，像是「聽見」、「節奏」等。

◉慣用身體感覺者的特徵

慣用身體感覺者，說話時會用身體來感受。特徵是感覺豐富，說話很慢，視線多半朝下，為了表現感覺，手勢很多。

這種人經常運用與身體感覺相關的詞彙，像是「覺得」、「感覺」等。

分辨「慣用的表象系統」

慣用視覺	慣用聽覺	慣用身體感覺
·說話時想像畫面 ·說話很快，內容跳來跳去	·說話會建立理論 ·手經常碰觸耳朵或下巴	·說話時用身體感受 ·慢慢說

運用詞彙的差異

隨著慣用的表象系統的不同，人們常用的詞彙也不同。**我們稱這些詞彙叫做「敘述語」**，舉例如下頁。

慣用視覺

看
描繪
照映
映入眼簾
注目
觀察
照耀
反映
想像
預測
視野
展望
不斷上升
見解

慣用聽覺

聽
說
說明
議論
呼叫
聽到
響
速度
節奏
和聲
聲音
發言
雜音
吵鬧

慣用身體感覺

覺得
碰觸
按壓
緊張
安心
理解
記憶
感覺
味道
香味
溫度
壓力
緊張
重的

場面	吵雜	溫暖的
明亮的	安靜	不得要領
大的	有節奏的	美味的
鮮明的	單調的	合適的
明確的	（聲音）大	辛苦的
刺眼的	鴉雀無聲	沈重的
遠的	喧囂	柔軟的
閃閃發亮	鬧哄哄	軟綿綿的
亮晶晶	吵吵鬧鬧	焦躁

●配合不同的「慣用表象系統」

若你與談話對象，雙方擁有相同的慣用表象系統，就更容易順利進行溝通。

若是雙方皆慣用視覺，不會介意彼此說話很快，也不在乎內容跳來跳去。

若是雙方皆慣用聽覺，不會介意彼此說話要先架構理論。

若是雙方皆慣用身體感覺，則不會在乎彼此說話慢條斯理。

相反地，如果雙方慣用的表象系統不同，則容易產生溝通缺口（communication gap）。

雖然每個人慣用的表象系統不同，但並沒有所謂好壞之分。只是我們很容易排斥慣用的表象系統跟自己不同的人，因此要特別注意，**由於別人慣用的表象系統很有可能與自己不同，因此配合對方慣用的表象系統的特徵進行溝通，就更容易建立豐富的人際關係**。

所以，可以事先了解自己所慣用的表象系統。

你慣用視覺	你慣用聽覺	你慣用身體感覺
不聽別人說	話很多	憑感覺
說話內容跳來跳去	說很多道理	感性的
說話速度很快	會指出話中矛盾之處	說話速度很慢
想碰面談	愛用電話	肢體接觸頻繁

接著，要注意對方慣用的表象系統，如此就能夠進行良好的溝通。

對方慣用視覺

- 說話速度很快
- 運用圖表
- 向他人展示
- 在漂亮的場所談話

對方慣用聽覺

- 做理論的說明
- 運用資料或數字
- 運用詞彙很小心謹慎
- 在安靜的場所談話

對方慣用身體感覺

- 運用感性的表現
- 實際經歷
- 實際接觸
- 說話慢條斯理

●隨著狀況改變

慣用的表象系統並非將人分類。慣用的表象系統也會因狀況而異。舉例來說，即使是同一個人，可能在工作的時候慣用聽覺，但私底下則慣用身體感覺。

慣用的表象系統，只是代表在某一狀況下優先運用的表象系統。了解自己慣用的表象系統，以及不太常運用的表象系統，就能夠拓展自己的可能性。

不太常運用的表象系統，可能會限制自己的思考或行動。也可能容易與不同表象系統的產生人際關係上的問題。

有意識地運用不慣用的表象系統，加以了解，便能拓展自己的思考及或行動範圍，也能增加溝通上的彈性。

大多數的人並不擅長跟與不同慣用表象系統的人進行溝通。但如果能順利地與對方進行溝通，就能夠大幅拓展人際關係。越是令你感到棘手的人，越是可以促使自我成長的一種資源。

COLUMN

為何相撲選手接受訪問，回答總是很僵硬呢？

慣用的表象系統與職業有關。

主播多半慣用聽覺，而相撲選手多半慣用身體感覺。

主播訪問相撲選手，對話總是卡卡的感覺。這是因為主播慣用聽覺進行溝通，而相撲選手慣用身體感覺進行溝通。

「賽前教練有給你什麼意見嗎？」

「嗯……唉……賽前……教練要我專注……。」

「今天這場比賽，轉眼間就結束了呢。」

「對……我傾全力……唉……。」

「最後麻煩跟支持你的粉絲們說句話。」

「好的……我很開心……謝謝大家。」

理解對方的眼神

眼神解讀

有句話說「眼神會說話」，慣用的表象系統也會表現在視線（眼睛的動作）上。在NLP中，我們將表現在視線的表象系統訊息，稱作「眼神解讀」（eye accessing cue）。這是一種透過觀察對方的視線，得知對方目前正在運用何種表象系統的方法。

◉視線朝右上方（對本人來說是左上方）

如下頁圖①，若對方的眼神朝右上方（對本人來說是左上方）動，表示此時對方進入「記憶的視覺」，正在回想腦中實際看過的影像。

例如，詢問「孩提時代家中的電視機大小？」「昨天你穿什麼顏色的衣服？」等問題，對方的眼神就會朝①的方向動。

◉視線朝左上方（對本人來說是右上方）

觀察對方的視線

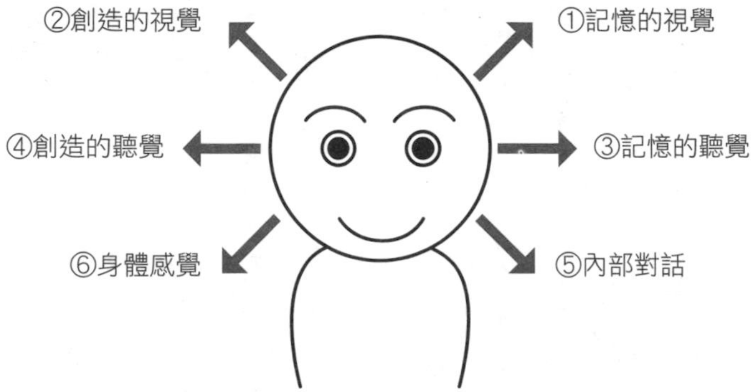
②創造的視覺
①記憶的視覺
④創造的聽覺
③記憶的聽覺
⑥身體感覺
⑤內部對話

※左撇子則為左右相反。

如上圖②，若對方的眼神朝左上方（對本人來說是右上方）動，表示對方進入**「創造的視覺」，正在腦中創造想像的影像。**

例如，詢問「如果你的房間變成現在的兩倍大，你會如何改變房間的擺設呢？」「請想像十年後手機的設計」等問題，對方的眼神就會朝②的方向動。

◎視線朝正右方（對本人來說是正左方）

如上圖③，若對方的眼神朝正右方（對本人來說是正左方）動，表示對方進入**「記憶的聽覺」，正在回想聽過的聲音。**

例如，詢問「請回想國小或國中的校歌。」「小時候父母最常對你說的是什麼話呢？」等問題，對方的眼神就會朝③的方向動。

◉視線朝正左方（對本人來說是正右方）

如圖④，若對方的眼神朝正左方（對本人來說是正右方）動，表示對方進入**「創造的聽覺」**，**正在腦中創造想像的聲音**。

例如，詢問對方「朋友打電話給你，他的聲音高度是平常的兩倍高，速度是平常的兩倍快，你覺得是怎樣的聲音呢？」「如果狗會說日文，會是怎樣的音調呢？」等問題，對方的眼神就會朝④的方向動。

◉視線朝右下方（對本人來說是左下方）

如圖⑤，若對方的眼神朝右下方（對本人來說是左下方）動，表示對方進入**「內部對話」**，內部對話是指不出聲，**在內心說話的狀態**。

例如，詢問「請在心中默念三次『今天又失敗了』。」「要自我激勵，此時，你會用怎樣的聲音與自我對話呢？」等問題，對方的眼神就會朝⑤的方向動。

◉視線朝左下方（對本人來說是右下方）

如圖⑥，若對方的眼神朝左下方（對本人來說是右下方）動，表示對方進入**「身體感覺」**，運用觸覺、味覺、嗅覺或是感受。

例如，詢問「體內如果有一股重重的感覺，你覺得是哪邊最沈重呢？」「打赤腳在海邊走路，腳底是怎樣的感覺呢？」等問題，對方的眼神就會朝⑥的方向動。

眼睛的動作是得知表象系統的線索，但並非決定性因素，上述的情況有例外的時候，這時，對方的眼神並不依照規則，但一般來說，每個人都擁有自己獨特的眼神移動模式。

視覺與聽覺的左右區分，並非代表過去與未來，而是代表記憶與創造。當有人說「明年想去大峽谷看看」，此時，他的眼神可能是朝向你的右上方（對本人說是左上方）動。這是因為雖然是未來的事情，但對方可能是從書裡或是電視上看過的影像，經過記憶，由視覺傳達出來。

看穿對方的謊言

透過眼神解讀，得知別人所運用的表象系統，加以活用就能進行良好的溝通。

例如，若對方的眼神朝左下方（對本人來說是右下方）動，代表他正在運用身體感覺，因此所得到的感受，要花較多時間才能用感覺語言來呈現，這時候請有耐心地等待對方的發言。

從眼睛的動作可以明白，頭腦的記憶與創造是不同的。

妻：「工作好像很忙喔？」

夫：「是啊。（從妻子的角度來看，丈夫的眼神朝右上方看）昨天也是從早就一直開會。」

妻：「開到晚上？」

夫：「（從妻子的角度來看，丈夫的眼神朝左上方看）晚上是跟客戶的應酬……」

動動眼睛，進入不同的表象系統

低著頭如果不行…

試著抬起頭向上看

從妻子的角度來看，丈夫的眼神朝右上看是記憶的視覺，左上則是創造的視覺。從早開始的會議是真的，但晚上跟客戶應酬有可能是假的。

這也可以當作看穿別人慣用的表象系統的線索。一般來說，慣用視覺者眼神多半朝上方，慣用聽覺者眼神多半朝水平橫向，而慣用身體感覺者眼神多半朝下方。

動動眼睛

某間公司正在舉行會議。是一場要產生新企劃的會議，但是大家卻遲遲想不出好點子。會議主持人不耐煩地大聲說「沒有人有好點子嗎？」全體參與者頭低低的，沒有人發言。

這是會議其中的一個場景。當人們低著頭臉朝下，容易進入內部對話或身體感覺，此時參與者都在內心自語「想不出點子……」，身體感到很沈重。

如果想要拿出好點子，眼睛可以朝自己的右上方看，進入創造的視覺，會比較有效果。

此外，想要有效地將英文單字背下來，眼睛就要朝自己的左上方看，這樣可以進入記憶的視覺。英文單字的發音跟拼字並不相同，因此想要念出聲來記拼字是有困難的。眼睛朝左上方看的時候，同時腦中想像英文單字，可以幫助英文單字記憶。

如上所述，將眼睛朝著特定方向移動，就能夠進入特定的表象系統。

「要一直向上看……這才是活著的秘訣。」

史努比（Snoopy）

Part
❸

與他人相處融洽

在前一章Part2，介紹了開啟他人內心所需的技巧。

而本章Part3將延續前面的內容，介紹一些可以在與他人進行溝通時所需的技巧。例如，要與他人相處融洽，該如何讓他人發現問題所在，或是當人際關係出現問題時該如何應對等等。

讓對方自行發現問題所在

後設模式

「無法拒絕別人請託」，對於這樣的人，你會給他什麼建議？

美紀（32歲）是位任職於某一中堅企業總務部門的粉領族。

今天是高中社團活動一年一度的同學會，美紀跟好久不見的高中朋友們聊得正開心。

「美紀你最近工作如何啊？」

「一成不變，每天都很單調無趣。但最近變得比較忙，要處理很多雜事。」

「你好像要做很多雜事啊。」

「是啊，只要有人拜託我，我就無法拒絕，但其實很多都不是我的工作。我常常很忙，還要被拜託做這個做那個的，搞得自己很累⋯⋯。」

「是喔？但如果不是你份內的工作，拒絕對方不就好了。」

「話是這麼說，但我無法拒絕別人耶，別人特地來拜託我，總覺得拒絕對方很不好意思。」

「但那不是你份內的工作啊，只要說『我現在有點忙』不就好了。」

「是這樣說沒錯啦⋯⋯」

「即使很忙碌，也無法拒絕別人的請託」美紀就是如此。

雖然美紀的朋友說「拒絕對方不就好了」，或是「只要說『我現在有點忙』不就好了」，但是美紀卻無法接受這些意見。

對美紀的朋友來說，拒絕是一件很簡單的事情，但是對美紀而言並非如此。美紀的朋友對她說「拒絕對方不就好了」，但是她心裡想的是「因為拒絕不了才很困擾」「你們都不了解我的想法」。對某人來說是件簡單的事情，但對另一個人來說卻並非如此。

與人溝通，最重要的是尊重對方。對「無法拒絕」的人說「拒絕不就好了」，這是一種否定對方的做法。

當然，美紀的朋友並不是想否定美紀才這麼說，但溝通的意義在於對方是否接收（↓27頁）。即使並沒有否定的意思，一旦對方感覺到被否定，就不算是良好的溝通。

你曾有過這樣的經驗嗎？你是為對方著想，才好心給予建議，結果不但得不到對方的感謝，對方還嫌你多管閒事；有時候，建議也是會傷害別人的。

在這個「無法拒絕別人的請託」的例子中，由於自我設限，能夠幫助你的不是別人給的意見，而是要自己發現問題所在。透過提問，就可以讓對方發現問題所在。

提問題而不是給意見

大輔是美紀高中社團的學長。他看到美紀，過來跟她聊天。

「美紀，好久不見，你還好嗎？」

「學長，好久不見，我過得不錯，只是一成不變，每天都過得很單調。」

美紀說起自己的工作狀況。

「最近變得有點忙碌，剛剛我才說過，很多雜事要做。」

「是喔。」

「明明就不是我份內的工作，但別人還是會拜託我，我就是無法拒絕別人啊……。不忙的時候還好，忙的時候就好累。」

「如果你拒絕會怎樣呢？」

「嗯……我想想，如果我拒絕，那個工作大概會是由別人去做……有些人比較不忙……。」

「然後？」

「與其讓我忙得不可開交，事情做個半吊子，還不如交給別人做。我一直不想拒絕是為對方著想，但有時候拒絕，說不定才是真正為對方著想呢。」

針對美紀「無法拒絕別人的請託」這個困擾，大輔用「如果拒絕會怎樣呢？」這個問題來反問美紀。

透過這個問題，讓美紀發現「有時拒絕才是為對方著想」的真相。

被「無法拒絕別人的請託」所限，是很不自在的。透過提問，可以從限制中解放，獲得自由。

用提問還原訊息

我們運用語言來進行溝通，但是語言其實是不完全的。將腦中的訊息轉換成語言，在這個過程中，會產生簡化、扭曲及一般化的現象。我們可以透過提問來還原這些被簡化、扭曲及一般化的訊息，這稱作「後設模式」。

後設模式的「後設」（meta），是「關於」「超越」的意思。我們用各種語言進行表達，而將語言模式化，就稱作後設模式。

後設模式是NLP中最早被開發出來的模式。NLP的創始者理查．班德勒及約翰．葛瑞德研究了弗烈茲皮耳斯的格式塔療法，及維琴尼亞．薩提爾的家族治療。

他們發現，有效的心理治療法，並不在於蒐集病患問題相關的訊息，而是將病患簡化、扭曲、一般化的訊息還原。不當地將訊息簡化、扭曲、一般化，才是問題所在。

透過後設模式的提問，還原被簡化、扭曲及一般化的訊息，是邁向問題解決之道的方法。

與其給予建議，不如運用後設模式來提問

好心建議反而可能會否定對方

運用後設模式的提問，讓對方自行發現問題所在

後設模式①——將「簡化」還原

在公司上班，同事從外面回到辦公室脫口而出「糟糕了！」你會怎麼反應呢？

首先你應該會問「怎麼了？」「發生什麼事了嗎？」在「糟糕了！」這句話中，你不知道什麼事情糟糕了，因為這個訊息被簡化了，要是不知道原委，你什麼忙也幫不上。

在語言表現中，很多的訊息都會被省略掉。

在「我很不安」「我口才不好」「再這樣下去不行」「我好混亂」「沒有改變」等詞句中，重要的訊息都被刪除了。

但是透過後設模式的提問，就能夠還原這些被簡化的訊息。

◉單純刪除

例「我好不安」↓「什麼讓你感到不安呢？」

「我好不安」這句話中，將感到不安的部分刪除了。這時，可以問對方「什麼讓你感到不安呢？」

只要能知道對方感到不安的事物，就能降低不安。

例句「具體來說是什麼呢？」「你在不安什麼呢？」

◉比較刪除

例「我口才不好」↓「你口才不好是跟誰比呢？」

「我口才不好」這句話中，將比較的對象刪除了。這時，可以問對方「你口才不好是跟誰比呢？」

人多半不會去思考所比較的對象，而只會注意到負面的評價，因而意志消沈，喪失行動力。

得到負面的評價，是因為我們會無意識地跟優秀的人做比較。舉例來說，跟電視上活躍的藝人相比，我們口才不好是理所當然的。常常跟優秀的人做比較，比不上是理所當然的事。

例句「是跟什麼比呢？」「是跟誰比呢？」

⊙不特定指示代名詞

例「再這樣下去不行」↓「你所謂的『這樣下去』，具體來說是什麼事情呢？」

「再這樣下去不行」這句話中，將「這樣下去」這個指示代名詞的具體內容刪除了。這時，可以問對方「你所謂的『這樣下去』，具體來說是什麼呢？」

要是不能明確地找出問題所在，人們就會不知道該如何好。

例句「具體來說是什麼呢？」「是誰呢？」

⊙不特定動詞

例「我好混亂」↓「是怎樣混亂的情況呢？」

「我好混亂」這句話中，將怎樣的混亂情況刪除了。這時，可以問對方「是怎樣混

運用後設模式來還原

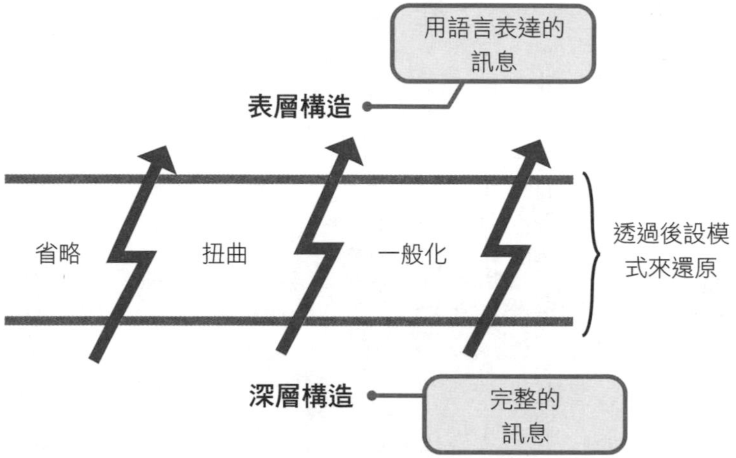
用語言表達的訊息
表層構造
省略
扭曲
一般化
透過後設模式來還原
深層構造
完整的訊息

亂的情況呢？」

例句「具體來說是怎樣呢？」

◎名詞化

例「沒有改變」↓「是什麼沒有改變呢？」

「沒有改變」這句話中的「改變」，是將動詞名詞化的結果。此時可以將名詞還原成動詞，問對方「是什麼沒有改變呢？」

名詞不具有動感，但是動詞則具有動感。用名詞思考，會有想動也動不了的感覺，但只要改成動詞，就能感受到動感，也有更多選擇。

例句「具體來說是誰？」「是什麼沒有改

變？」

後設模式②——將「扭曲」還原

當你遇到了很痛苦的事情，你或許會覺得「人生就此結束了」。但其實人生並不會就這樣結束。

人會扭曲現實，將非事實當做事實。

「他讓我很痛苦」「遲到這件事情，就是沒有行動力的證據」「他總是批評我」「他老是做一些我不想要的事情」「我不適合現在的工作」等等，這些都是被扭曲的句子。

透過提問，可以還原這些被扭曲的訊息。

◎因果關係

例「他讓我很痛苦」↓「他是怎樣你很痛苦？」

因果關係是指某一件事（X）為另一件事（Y）的原因（X→Y）。

「他讓我很痛苦」這句話中，他雖然是我痛苦的原因，但是人無法直接控制別人的感情。可以用「他是怎樣讓你很痛苦呢？」問對方，讓對方發現扭曲的事實。

例句「該如何做，X才會成為Y的原因呢？」

◉合成等價

例「遲到這件事情，就是沒有行動力的證據」→「要怎麼做，遲到這件事情，才會成為沒有行動力的證據呢？」

合成等價的意思是某一件事（X）意指另一件事（Y）（X＝Y）。

「遲到這件事情，就是沒有行動力的證據」這句話中，把遲到這個行為，跟沒有行動力的狀態視為相同的事情，但是行為跟狀態是不同層次的東西。這時可以用「要怎麼做，遲到這件事情，才會成為沒有行動力的證據呢？」來問對方，讓對方發現扭曲的事實。

例句「該如何解釋，X才會代表Y呢？」

◉讀心術（mind reading）

理解別人內心的讀心術分成2種。

例「他總是批評我」↓「你是如何知道他批評你呢？」

「他總是批評我」這句話中，講得好像知道對方內心的想法，但實際上並不知道對方是怎麼想的。

例句「你是如何知道的呢？」

例「他老是做一些我不想要的事情」↓「他是如何知道你不想做的事情是哪些呢？」

「他老是做一些我不想要的事情」這句話中，對方好像很瞭解話者內心的想法，但實際上對方並不知道話者是怎麼想的。

例句「對方是如何知道的呢？」

◉判斷

例「我不適合現在的工作」↓「這是誰說的呢？」

「我不適合現在的工作」這句話，並沒有提到這是誰的結論。很有可能只是其中一種可能性，卻講得一副煞有其事的樣子。這時候詢問判斷基準，就能夠讓對方發現這不是事實。

例句「是誰說的呢？」「是根據誰的判斷？」

●後設模式③──將「一般化」還原

當你因為某事找某人討論，卻遭到對方的反對，緊接著又遭到另一個人反對，你就很容易覺得「遭到大家的反對」。人會將一次至多次的經驗一般化，然後套用在其他的例子上面。因此，雖然感覺是「遭到大家的反對」，其實只遭到兩個人的反對，沒有必要用一般化來自我設限。

「感覺總是很低落」「要再更努力才行」「無法說出自己的意見」「為什麼只會發生痛苦的事情呢？」在這些句子中，都是排除了例外，因而感到受限。但是透過提問，我們就能夠還原被一般化的訊息。

◉全稱限定詞

例「感覺總是很低落」↓「總是嗎？」

「總是」「大家」「每個人」「絕對」「一定」這些詞，將結論一般化。

「感覺總是很低落」這句話，就是將感覺低落這件事一般化的結果，但沒有人總是很低落的。

例句 「總是嗎？」「所有的人嗎？」「絕對嗎？」

◎必然性／可能性的敘述助動詞

例 「要再更努力才行」↓「要是不努力會怎樣呢？」

「一定得做～」「不能做～」這類語句，稱作「必然性的敘述助動詞」，句中設定了一個必然性的規定。

「要更努力才行」在這句話中，「努力」這件事是必然的，除此沒有其他選擇。這時可以用「要是不努力會怎樣呢？」來反問對方，讓對方發現除了「努力」是否還有其他選擇。

例句 「（一定得做～）要是不做會怎樣呢？」

「（不能做～）要是做了會怎樣呢？」

例「無法說出自己的意見」→「要是說出自己的意見會怎樣呢？」

「無法～」這個表現，稱作「可能性的敘述助動詞」，設定了一個可能性。「無法說出自己的意見」在這句話中，「說出自己意見」的可能性並不存在。這時可以用「要是說出自己的意見會怎樣呢？」來反問對方，讓對方發現「說出自己意見」的可能性。

或者也可以反問對方：「為何阻止自己說出意見呢？」這是讓對方發現阻礙的提問法。受規定束縛是很痛苦的事情。雖然社會都有必需遵守的規定，但是沒有必要受到自己的規定束縛。

例句「要是這麼做會如何呢？」「阻止你這麼做的原因是什麼呢？」

◉前提

例「為什麼只會發生痛苦的事情呢？」→「只會發生痛苦的事情嗎？」

「為什麼只會發生痛苦的事情呢？」這句話中，「只會發生痛苦的事情」是前提，排除了其他的例外。這時可以用「只會發生痛苦的事情嗎？」或是「如何才會發生痛苦的事情呢？」來反問對方。

運用後設模式，減少溝通失誤

那件事就麻煩你了。
那件事是指這件事嗎？
這項產品很耐用。
耐用年限是多少呢？
這是個值得期待的案子呢。
是怎樣值得期待呢？
這是一間很重視員工的公司。
是怎樣的重視法呢？

與人溝通時，常常必須還原訊息

例句〉（前提）「要怎麼做才會知道呢？」

運用後設模式，減少溝通失誤

運用後設模式，將被簡化、扭曲及一般化的訊息還原，可發現不必要的設限，也能夠重新做選擇，更能夠減少溝通的失誤。

舉例而言，當我們聽到「要快點做好喔」這句話，其中「快」的定義，是因人而異的。有人覺得是一小時，但也有人覺得是一個月，因此「快點」究竟是多快？具體的時間被簡化了。

你覺得「快點」跟別人的「快點」，定義很可能不同。這時就要運用後設模式的提問法，詢問對方「快點是多快呢？」將內容具體化。

當然，如果「快點」一詞對雙方來說定義是一致的，就沒有必要再大費周章地詢問。

必須注意的是，說話者想傳達的內容，跟聽者所接收的內容，不一定會一致。依照不同需求來運用後設模式的提問法，能夠有效降低溝通的失誤。

後設模式不問「為什麼？」

對於「無法拒絕別人請託」的人，可以問他們：「若拒絕會怎樣呢？」「總是這樣嗎？」或是「究竟是受誰的請託呢？」等問題。

後設模式有很多種提問法，但其中並不存在「為什麼」一詞。這是因為後設模式的提問，是將簡化、扭曲及一般化的訊息還原，而並非探究原因。

如果問「無法拒絕別人請託」的人，「為什麼」無法拒絕，就會因此覺得自己好像受到責怪。

如果他回答「因為不想被討厭」，這只是單純的藉口，藉口是沒有任何幫助的。

後設模式不問「為什麼？」

為什麼？
為什麼？
為什麼？
為什麼？
為什麼？
是我不好……
是誰？
是什麼？
如何做？

問「為什麼？」只是讓對方有機會找藉口

運用後設模式提問，就能夠還原訊息

可以重覆提問

透過回答後設模式的問題，就能夠消除限制。

「在眾人面前發表演說總是覺得很緊張。」

「總是嗎？」

「嗯……也沒有到總是啦，例如絕對不能失敗的重要發表會時。」

藉由回答問題，讓對方發現自己並不是一直處於緊張的狀態。後設模式的提問不限次數，如果覺得問一次不夠，可以重覆提問。

「要是失敗了會怎樣呢？」

「就算失敗了，下次再加油就好了……也不是就絕對不能失敗。這樣想一想，好像能以平常心來發表了。」

像這樣重覆提問，就能讓對方有更進一步的發現。

由於提問是要求對方回答，會讓對方有所負擔。如果是不適當的提問，不僅沒有幫助，還會破壞了親和力，因此在提問的時候要特別注意。

運用後設模式對自己提問

後設模式不僅可以用來與他人溝通，也可以用來對自己提問。

人們都會默默在心中跟自己進行內部對話。當否定的內部對話出現，我們可以針對自我對話內容，對自己進行後設模式的提問。

例如，當內部對話出現「總是不順利」，就可以自問「總是嗎？」或許會發現「也有順利的時候」。當內部對話出現「沒辦法原諒那傢伙」，只要自問「要是原諒會怎樣呢？」或許會發現「感覺就會恢復平靜」。

對自己提問，能夠消除自我設限。

化危機為轉機

換框法

> 這一回換成美紀問大輔學長問題。大輔最近剛成為公司某企劃的負責人，每天都過得很忙碌。
>
> 「大輔學長，最近過得好嗎？」
>
> 「工作很忙碌，超辛苦的啊。」
>
> 「是喔……」
>
> 「自從開始負責公司的企劃，每天都很忙碌，忙到要癱了。」
>
> 「過得很充實呢。」
>
> 「是啊，謝謝你。」

人會透過各種看事物的角度及觀點來體驗事情。看事物的方法及觀點稱作「框架」（frame），而改變框架則稱作「換框法」（reframing）。

運用換框法改變看法

美紀用換框法，對「忙碌」的大輔說「很充實呢」，這句話讓大輔找回積極的感覺。

運用換框法，就能改變感覺或行動。讓討厭的事情變喜歡，不想做的事情變得想做。溝通上最重要的是不否定對方，運用換框法，就能以不否定的方式，提示對方另一種看待事物的新方法。

換框法有兩種，分別是「狀況的換框法」及「內容的換框法」。

狀況的換框法

對於「很固執」一詞，如果要我們思考在什麼情況下會派上用場，因而想到

「協商」的狀況，此時就可以用「協商的時候，需要擇善固執」來進行換框。

任何行為舉止，都有發揮其價值的情況。即使在某一情況下派不上用場的行為，在其他狀況下或許可以發揮。

因此，**找出發揮情況的換框，稱作「狀況的換框法」，從「這個舉動何時能夠派上用場？」的角度來思考。**

關於不同狀況的換框法，還有下列的例子：

・「我話很多」↓「這樣跟安靜的人說話就不會太沈悶呢」
・「我很小氣」↓「很適合會計的工作呢」
・「我很愛喝」↓「在應酬的情況很吃香呢」

內容的換框法

對於「很固執」一詞，可再思考是否有其他含義，結果發現可以用「想法很堅定」來進行換框。

改變內容或意思的換框，稱作「內容的換框法」，要進行內容的換框法，可以從

「還有其他含義嗎？」的角度來思考。

關於不同內容的換框法，還有下列的例子：

・「我沒有計畫」↓「你很有彈性呢」

・「我很容易衝動」↓「你很熱情呢」

・「我很優柔寡斷」↓「你思慮較多呢」

運用換框法提升行動力

溝通時運用換框法，可帶給對方好的影響。

舉例來說，當員工因「客戶總是說一些任性的話，我實在拿他沒辦法」而來找你討論，你會怎麼回答呢？

你可以回答：「想辦法是你的工作啊。」但是這麼做無法提升員工的行動力。

你可以試著回答：「客戶之所以會說任性的話，代表他信任你啊。」看員工如何看待他的客戶，是「任性的客戶」，還是「信賴你的客戶」，若員工能夠改變對客戶的看法，那麼員工對待客戶的方式也會隨之改變。

你也可以回答員工：「只要能夠跨越這個困難，建立起良好的關係，就是一種成長呢。」困難的體驗，同時也是成長的機會。員工之所以會想逃離這件事情，或許是想轉換感覺。**事情本身沒有改變，但只要改變框架，就能改變應對的方法。**

換框法的例子

意志薄弱↓想法很有彈性
吵鬧↓開朗／活潑
固執↓講道理
冷淡↓冷靜／客觀
少根筋↓豁達
消極↓保守／慎重
隨便↓豁達
缺點↓特色
缺乏行動力↓充電中
失敗↓學習／寶貴的經驗

沒耐心↓好奇心旺盛／有挑戰精神
挨罵↓備受期待／成長
無聊↓能夠著手進行新事物／有空閒
性情急躁↓熱情的／有決斷力
任性↓擁有自己的意見
小氣↓有計劃／不隨便浪費
大嘴巴↓表裡如一
自以為是↓有領導能力／值得信賴
沒有經驗↓有嶄新的想法／不受限制
不年輕↓有經驗

想太多↓很細心　　多疑↓慎重／不會被詐欺
陰沈↓冷靜　　頑固↓有協商能力／值得信賴
嚴格↓有責任感　　口才不好↓重視別人／有安心感

好的換框法，能夠帶給他人好的影響，更能將危機化為轉機，並提升他人的積極態度。

溝通的意義在於對方接收的反應，並非所有事物都可以進行換框。舉例來說，員工說「客戶總是說一些任性的話，我實在拿他沒辦法」，即使你運用換框法回答員工，「任性的客戶，表示客戶公司的風氣一定很自由」，員工的反應也無法如你所期望。與對方建立完整的親和感（↓43頁），基礎建立之後，再以有助於對方的框架進行換框，這才是好的換框法。

換框法與正面思考不同，正面思考有時會略過討厭的事物，採取否定現實的思考方式，像是「不管客戶說什麼，都要正面積極地加油喔」。但是換框法不是去否定現實，而是觀察現實後改變看待事物的框架。

將換框法用在自己身上

換框法不僅可以用來與別人溝通，也可以用在自己身上。例如，請思考一個自己討厭的事物，但這個討厭的事物，也一定曾經有發揮其作用的時候。那是在什麼樣的情況下呢？即使是討厭的事物，也一定有其他含義，這個含義是什麼呢？

例如，有人討厭自己的消極，但也因為消極，當心懷不軌的人接近自己，能夠與對方保持距離，讓自己不受到傷害，因此，消極也可說是按部就班一步步前進的意思。

當討厭的事情發生，一種方法是修正它，而另一種方法則是接受它。

只要將人們所認為的缺點進行換框，就可以變成優點。**由此可見，人擁有多少缺點，就擁有多少優點。**

「世上沒有所謂的好壞，是我們的想法決定了事物的定義。」

威廉・莎士比亞

站在對方的立場思考

感知位置

美紀在公司負責會計跟公司網頁的工作。最近由於公司內部進行改組，美紀的上司也換人了。前任上司採放任主義，所以工作上是很自由的，但是新的上司連很細微的部分都要管，讓美紀覺得工作很難進行。

這天，上司要求美紀做詳細的報告。

「美紀小姐，你今天的行程『網頁的洽談』是什麼？」

「是跟廠商的洽談，因為公司改組的事情要公佈在網頁上面。」

「可以在這星期之內完成嗎？」

「預定是這樣，但是廠商來電說要延到下星期。」

「我怎麼沒聽說。」

「抱歉……」

站在自己的立場

運用換框法（↓99頁）來改變觀點，就能將否定的看法轉為肯定的看法；人際關係也有相似之處。

人際關係產生問題時，大多數人會覺得「自己是正確的，是對方的錯」，並且覺得「自己沒有必要改變，該改變的是對方」。

然而對方沒有這麼容易改變，因為人人都覺得「自己是正確的，是對方的錯」。

但是這沒有正確與否，只是觀點的不同。

要確實掌握狀況，並有彈性地應對，不僅要擁有自己的觀點，也要保有其他的觀點。因為看事物的方法會因人而異。

在NLP中，將自己或對方的觀點稱作「感知位置」，感知位置分成三種，分別是「第一位置」「第二位置」與「第三位置」。

第一位置是自己本身的觀點。擁有自己的想法，感受自己的情緒。

第二位置是對方的觀點。假裝自己是對方，擁有對方的想法，感受對方的情緒。

三種感知位置觀點

第三位置是第三者的觀點。並非自己也非對方，是客觀中立的觀點。

多數人傾向於站在第一位置，但如果一直站在第一位置，就很難建立良好的人際關係。

也有人傾向站在第二位置或第三位置，這完全因人而異。傾向於站在第二位置的人，容易為了別人而犧牲自我。傾向於站在第三位置的人，對任何事情都毫不關心，也因此不會產生任何行動。

沒有所謂正確的感知位置。只要能夠活用第一位置，第二位置及第三位置，就能建立良好的人際關係。

不是改變別人，而是改變自己

改變感知位置的技巧，稱作**改變立場**（position change）。

改變立場，就能察覺對方的想法或感受對方的感覺，也能以中立的觀點來看待自己與對方的關係。

當人際關係出問題，很容易覺得問題在於對方，自己才是受害者，但其實對方的行動或言詞跟自己是有關的。

人際關係並非單方面的關係。對方的行動或言詞，是與你溝通反應的結果。

「希望對方認同我，但是對方卻不這麼做」「希望對方不要馬上就生氣」像這類的煩惱，是在第一位置會發生的煩惱。不改變自己，只是一味地想著想要改變別人，這樣問題是不會解決的。

將「為何對方不幫我做呢」這個問題改成「該怎樣改變自我呢」，人際關係就會有改變。

自己不改變，別人也不會改變。

改變立場，就是改變感知位置

美紀試著用改變立場來改善自己與上司的關係。

她先將兩張椅子面對面擺好，自己坐在其中一張椅子上，自己的椅子就是第一位置。接著她想像上司坐在對面的另一張椅子上。想像上司正說著「我怎麼沒聽說」，上司的樣子彷彿在眼前，讓她覺得好煩躁。然後她對上司說出自己想說的話，把平常沒有對上司說都說出來，如「希望您不要一直碎碎念」「您要是一直念，我會覺得沒有受到您的信任」。

接著美紀從椅子上站起來，移動到看得見兩張椅子的位置，這就是第三位置。深呼吸之後，想像兩人正坐在椅子上。

然後坐在想像上司坐的椅子上，這是第二位置。美紀在這個位置假裝自己是上司，然後說出「我怎麼沒聽說」，感受到一股焦躁感，因為沒有盡到作為上司該有的責任。然後美紀發現，上司為了幫助自己完成工作，想為員工做些什麼卻手足無措的感覺。

體驗過第二位置之後，再移動至第三位置。美紀得知自己跟上司都想在工作上拿出

改變立場，就是改變感知位置

成果，如果其中一方不改變，就無法達到良好的關係。

最後再度回到第一位置。結果美紀發現自己會用更有禮貌的方式來應對上司。想像自己專心聆聽上司，不僅可改善與上司的關係，也可將上司的指導活用於工作上，工作也更開心了。

模擬你的未來

在NLP，在改變立場這項練習之後，要進行「未來模擬」這個步驟。

所謂的未來模擬（future pace），是想像自己在未來某個情況所採取的新行動，並進行預演。

藉由未來模擬，能夠確認並測試這個新行動是否合適。如果未來模擬進行得不順利，或是進行未來模擬時發現問題點，可以試著從頭做一遍，或是嘗試其他方法。

透過未來模擬，可以習慣新的行動。未來模擬使我們能夠順利在未來的情況採取新的行動。

WORK

改變立場

❶ 準備兩張椅子面對面擺放。一張是第一位置，另一張則是第二位置。能夠看見兩張椅子的地方則是第三位置。

❷ 選一個你不擅長交往的人，或是想改善關係的人（設定為X先生）。

❸ 在第一位置的椅子上坐下，然後想像X先生坐在第二位置的椅子上，對X先生說出你想說的話。

❹ 移動至第三位置，然後深呼吸，想像你與X先生兩人分別坐在第一位置跟第二位置上。

❺ 在第二位置的椅子上坐下，想像自己化身成X先生，接著跟坐在第一位置的自己說出想說的話。

❻ 從椅子上站起來，移動至第三位置後深呼吸，然後看著坐在第一及第二位置上的兩人。

❼ 最後坐回第一位置的椅子上，想像未來的可能性（未來模擬〈↓112頁〉）。

Part
4

引導他人

在前面Part2及Part3，分別介紹了如何敞開他人的心及如何與他人相處融洽的技巧。

與他人溝通的基本技巧，是配合對方，不否定對方，不命令對方。

想請他人幫忙，或是想幫助他人改變等等，引導他人時，配合是有效的。在本章Part4中，將介紹引導的技巧。

內心的過濾器

後設模式

大輔身為公司的企劃組長，每天都過得相當忙碌。今天是要跟副組長及組員進行三人的小組會議。組員在看過大輔整理的資料之後說道：

「你簡單明瞭地整理出企劃的概念，表現出這項企劃的魅力。」

接著副組長也給了意見：

「概念確實是簡單明瞭，但是交易條件的內容有點難理解，如果照這上面寫的內容，很容易產生誤解。」

「我認為簡潔的交易條件比較容易傳達這項企劃的魅力。」

「不過還是要確保以後不會產生問題……。」

聽了雙方的意見，大輔認為重新修正交易條件的內容比較好，於是說道：

「把交易的條件寫得簡單明瞭，更能傳達這項企劃的魅力。」

然後組員接著回答：

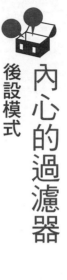

「是的，將概念跟交易條件做明確的記載，就能達到宣傳這項企劃的效果。」

●話不投機的理由

我們會無意識地透過各種過濾器來體驗事物。

我們稱這種無意識的過濾器為「後設模式」，後設模式的種類很多。

◎方向性

後設模式的其中一種是「方向性」。方向性可分為：達成目的「目的志向型」及迴避問題的「問題迴避型」。

前例中，主張要「表現魅力」的組員屬於目的志向型，而主張「不要產生問題」的副組長則屬於問題迴避型。

與別人溝通，配合對方可以建立親和感（↓43頁），更容易說服對方。**關於建立親和感的方法，前面介紹過配合對方的外觀及說話方式（↓47頁），或是運用五感來配合**

先了解對方的後設模式

現在只要把這個做好，就能達成目標喔。
好！
那就做！
目的志向型
現在只要把這個做好，就能夠避免無法達成目標的結果。
好！
那就做！
問題迴避型

就能夠用容易傳達的方式進行溝通

對方（→66頁）。但其實後設模式也能夠用來配合對方。

面對目的志向型的人，運用「能夠得到」「能夠入手」等語句較有效；而面對問題迴避型的人，則運用「避免」「解決」等語句較有效。

副組長說「要確保以後不會產生問題」，這句話對問題迴避型的人很有效，但是對目的志向型的人來說則不會有任何影響。

相較於副組長，大輔「傳達企劃的魅力」這句話，對於所可能得到的結是進行評論，所以能夠對目的志向型產生影響。

◎判斷基準

後設模式其中之一是判斷基準的不同，稱作「判斷基準」。「判斷基準」又可分成兩種，一種是偏好自我判斷的「內部基準型」，另一種則是偏好他人判斷的「外部基準型」。

請試著想像購買數位相機的情況，下列兩位店員，哪一位令你覺得比較舒服呢？

第一位店員說，「隨著型號的不同，拿在手上的感覺也不一樣，歡迎實際拿起來操作看看。」

第二位店員說，「這項商品廣受好評喔，現在剛好在做促銷，歡迎參考看看喔。」

如果自己已經有個底，知道要買哪一種類型的相機，會覺得第一位店員比較好。

如果自己沒有概念，則會覺得第二位店員比較好。

如果是對「自己不是那麼清楚」、偏向外部基準的人，用「推薦～」「這個廣受好評」這類的詞較有效。

如果是對「想自己做選擇」、偏向內部基準型的人，則用「請自由參觀」會比較有效。

在與他人進行溝通，可配合對方的後設模式，以有效地影響對方。

◉範疇

上司跟員工對於與客戶洽談的方式交換意見。

「X公司的負責人很積極，但是Y部長似乎面有難色，因為他覺得價格很高，但我方沒辦法再降價了，所以想增加一些額外的服務，你覺得如何？」

「原來如此，關鍵在於Y部長啊。」

「是啊。Y部長很在意價格，我跟Y部長說過好多次，這項產品物超所值。但是根據負責人，要是沒有其他附加的提案，Y部長是沒辦法點頭同意的。」

「所以一定要讓Y部長了解。」

「沒錯。所以我才想提出額外的服務，這樣他應該會考慮……。」

上司與員工兩人的意見並非不同，員工是進行細部的說明，而上司則採整體的說明，因而產生了溝通缺口。

這是因為後設模式的「範疇」（scope）不同所造成的。員工是偏好掌握細節的「詳細型」，而上司則是偏好掌握整體的「整體型」。

為了避免溝通缺口，需要配合對方的後設模式。

面對詳細型的人，用「具體來說～」「正確地說～」等語句較有效。而面對整體性的人，則用「重點是～」「一般而言～」等語句才有效。

●其他代表性的後設模式

前面分別介紹了「方向性」「判斷基準」及「範疇」這三種後設模式，但後設模式的種類還有很多，舉例如下。

◎主體性

主體行動型：毫不猶豫勇往直前。對這類型的人用「現在馬上」等語句較有效。

反映分析型：分析周圍的反應。對這類型的人用「研究」等語句較有效。

◎選擇的理由

選擇型：偏好多重選擇。對這類型的人用「各種」等語句較有效。

過程型：偏好由他人決定的順序。對這類型的人用「正確的方法」等語句較有效。

◉壓力反應

感覺型：感性地面對壓力。對這類型的人用「厲害」等語句較有效。

冷靜型：理性地面對壓力。對這類型的人用「客觀地」等語句較有效。

◉合作

個人型：偏好由自己來負責。對這類型的人用「獨自」等語句較有效。

團體型：偏好團隊工作。對這類型的人用「一起」等語句較有效。

後設模式並無好壞

後設模式一般多以「〇〇型」來表現，而本書也採用相同方法來呈現，但這麼做並非將人作分類。

例如方向性分成目的志向型跟問題迴避型，但這並不表示一定就專屬某一類，而是偏向某一類。分類會因狀況不同而異。有人對於工作是偏向目的志向型，但是對於家庭則是偏向問題迴避型。

ＮＬＰ不會將人分類或貼標籤。人不是固定的，而是會自由改變的，因此後設模式是可以改變的。

除了與別人溝通，在其他的狀況中，可以透過改變後設模式，更容易拿出成果。例如，一直專注在目標上卻無法順利進行，可以試著改由問題下手。相反地，如果一直專注在問題上，但卻無法順利進行，可以試著改由目標下手。

後設模式沒有好壞的基準，每一種後設模式都是有價值的，都有發揮功效的情況。

COLUMN

自我人生的專家

後設模式的判斷基準，跟各個領域的專業性及個人成熟度有關。

當我們要開始新的事物，會強烈偏向外部基準型。像是第一次購買數位相機，許多人會參考熟悉相機的朋友或是店員的意見。

一旦我們提升了在某一領域的專業性及成熟度，就會逐漸轉成內部基準型。因為我們已經知道自己適合哪一種相機。

因此，一般而言，針對一般大眾的店，要做商品推薦的服務，而針對專家的店，則要讓客人自由選擇商品。

那麼對「自己的人生」又是如何呢？人從出生那一刻開始，對自己的人生充滿了未知，因此是屬於外部基準型。人會遵從父母、老師及社會的價值觀。

一旦對自己的人生有所瞭解，成熟之後，人就會轉成內部基準型，成為自我人生的專家。這個時候，自己的人生就能夠由自己來決定。

你的人生，是外部基準型？還是內部基準型？

導出無意識的資源

米爾頓模式

何謂米爾頓模式

你一直以來都很努力。
也跨越了重重困難。
因此，不管未來遇到怎樣的事情，都能成功跨越。
並拓展更多的可能性。

讀了上面這段文字，你有什麼感覺呢？應該可以感受到正面肯定的感覺。文字中用了很多抽象的表現。像是「很努力」，但並沒有具體說出是努力什麼。這是為了讓讀者能夠自由解讀。抽象的文章較容易被讀者接受。

NLP將抽象的表現系統化，以催眠治療師米爾頓・艾利克森的語言運用法為模型，稱作「米爾頓模式」。

催眠與轉化

提到催眠，相信許多人會想到電視上看到的催眠秀或催眠術，那些只是催眠的一部分。

催眠是一種引導至「轉化」的技術，而轉化是降低對外在注意力的狀態。剛睡醒的呆滯模樣，或是專注在工作上沒有注意到周圍的聲音，這些都是轉化的狀態。轉化是我們每個人在日常生活中都會體驗到的。

人會注意外在環境，此時，會運用判斷、批評、警戒、分析等意識。意識狀態容易產生抵抗或反抗。而在轉化的狀態下，會降低這些意識的運作，因此較容易接收完整的訊息。

催眠術或催眠秀是讓被催眠者完整接受催眠師的指示。有人覺得被催眠後，就會被催眠師操弄，但是轉化則不會受到別人的控制。而且，選擇登上催眠秀的舞台是個人的

米爾頓模式的鼓勵方式之一

大家都知道你很努力喔。
謝謝！
果然大家都知道啊…（深受感動）
這是一種抽象曖昧的表現方法，即使說話者不太瞭解聽者，也能夠這麼說。
聽者解釋成有利於自己的意思，因此受到鼓勵。

選擇，在轉化的過程中會知道自己的情況。

轉化可以去除意識這面牆，能夠從自我設限中被解放，獲得自由，也能夠提取許多存在於於意識中的資源。催眠是用於產生理想的變化。

在日常生活中運用米爾頓模式

米爾頓模式是為了引導產生轉化狀態的說話方式。不僅限於用在催眠治療的情況，日常生活中也能夠運用。

例如，若上司要交辦你工作的時候說，「這個工作一定會對你有幫助呢」，我想你應該會充滿行動力。

若餐廳的菜單上寫著「嚴選素材，用心烹煮的料理」，你就會覺得這個料理很好吃。

上述都是米爾頓模式的抽象表現法。接受者能夠自由地做解釋，更容易接收語言的暗示。運用米爾頓模式，就能夠對人進行有效的影響。

米爾頓模式分成四種，分別是「逆後設模式」「前提」「間接引導模式」及「比喻」。

米爾頓模式①——逆後設模式

米爾頓模式的第一種是「逆後設模式」。逆後設模式是簡化、扭曲及一般化的表現。後設模式是將簡化、扭曲及一般化的訊息，還原成具體的東西，而「逆後設模式」剛好與其相反。

運用具體的表現，就容易讓聽者有機會做判斷或批評，使聽者容易產生抵抗或反抗。相較之下，用抽象的表現，較不會讓聽者有機會做判斷或批評，聽者也較容易接受完整的訊息。

◉訊息的「簡化」

・**單純刪除**：簡化具體的內容

例「有價值的工作」「品質沒問題」「開拓光明的未來」

・**比較刪除**：簡化比較的對象

例「特惠」「最高品質的服務」「很簡單」

・**不特定指示代名詞**：代名詞沒有將具體的內容特定出來

例「受到多數人的歡迎」「將來會派上用場」「這樣感覺不錯」

・**不特定動詞**：動詞沒有將具體的內容特定出來

例「一直以來都很努力」「加油」「會順利的」

・**名詞化**：將動詞名詞化

例「工作上信任是很重要的」「很講究的商品」「感到愛與喜悅」

◉訊息的「扭曲」

不一定是實際上發生的事情，卻表現得好像有這麼一回事。

・**因果關係**：某一件事（X）為另一件事（Y）的原因（X→Y）。即使兩者並非因果關係，只要將實際發生的事情當做X，就能夠引導至Y。例如在天氣好的日子說「今天的天氣很好，一定會很開心」，就能夠讓對方覺得今天會過得很開心。

例「注意呼吸，然後放鬆」「我是認真的，請放心」

・**等價複合**：某一件事（X）意味著另一件事（Y）（X＝Y）。將實際發生的某事定義當成X，同時帶有Y的意思。例如對正在讀書的人說「正在讀書代表你很有上進心呢」，就能讓對方感到自己很有上進心。

例「你來這邊代表你有所改變了喔」「之所以會覺得有障礙，是代表你已經準備好要跨越它了」

・**讀心術（mind reading）**：讀出別人內心的想法。一般而言，我們是不會知道別人內心的想法。一旦被別人說出自己內心的想法，我們就會開始注意自己內心的想法，會有對方真的瞭解我的感覺。

例「您對這個很感興趣呢」「您覺得很困難對」「您很冷靜呢」

・**判斷**：沒有指出明確的判斷基準，讓對方覺得真有這麼一回事。

例「做了就會」「這個工作很適合你」「放鬆是件好事」

◎訊息的「一般化」

事情即使有例外，也不承認有例外，這種情況就是所謂的一般化。能夠消除對方的自我設限，並給予對方力量。

・**全稱限定詞**：「總是」「隨時」「任何人都」等沒有例外的語句。

例「任何人都是在不知不覺中成長」「隨時歡迎」「所有經驗都是有意義的」

・**必然性／可能性的敘述助動詞**：「一定要做」「不～也沒關係」這類必然性的語句，以及「辦得到」這類容許可能性的語句。

例「不用硬撐」「一定要把握機會」「可以加把勁」

・**前提**：有多種類型，將在下一個單元說明。

米爾頓模式②——前提

米爾頓模式的第二種是「前提」。所謂的前提，是將自己期望對方回答的答案隱藏在字談話，當做前提。看起來好像給對方做選擇，但是不管對方做什麼選擇，都能夠得到自己所預設的答案。

・**時間從屬副詞**：如「一邊～一邊～」「～以前」「～之後」「～之間」「～的時候」等語句。例如，不說「請您簽約」，而說「簽約以前您還有什麼想確認的嗎？」對方就會思考是否還有要確認的事情，但在交談過程已暗示，前提是簽約這件事情。

例「她脫離轉化狀態之後，很有可能會出現遺忘的情況。」

・**序數**：表現順序的方式，如「首先」「接下來」「還有一項」「第二個」。舉例來說，你只要說「你一開始會覺得困難嗎？」對方就會開始思考困難與否，前提是，後續是簡單的。

例「你知道最後是什麼意思呢？」

・**「或者」及「或是」**：如「或者」「或是」「還是」等語句，以其中一項為前提。舉例而言，不說「你會參加嗎？」而要說「你會一開始就參加嗎？還是中途才參加呢？」對方就會思考要一開始就參加還是中途參加，但不管哪一種，皆是以參加這件事情為前提。

例「您要付現還是刷卡呢？」

・**意識的敘述詞**：「有（沒有）發現～」「（不）了解～」「（不）知道～」的語句。舉例而言，不說「這是特惠品喔」，而要說「您知道這個現在正在做特惠喔」，對方就會思考自己是否知道這個消息，前提是這項商品是特惠品。

例「您並沒有發現，但這對您來說是個有意義的體驗呢。」

・**副詞與形容詞**：運用副詞或形容詞，讓主要的文章成為前提。例如，不說「您會放鬆嗎？」而要說「您能夠做到完全放鬆嗎？」對方就會思考能否做到，前提是放鬆。

例「能夠麻煩你馬上開始進行嗎？」

・**具有時間變化的動詞及副詞**：像是「開始」「結束」「繼續」「尚未」等語句。例如，不說「請關注這件事」，而要說「請持續關注這件事」，對方就會思考是否要持續關注，前提是關注。

例「你還專注在上面嗎？」

・**補充說明的形容詞及副詞**：如「運氣很好」「一定會」「很幸運地」等語句，用來做文章的補充說明，在後面說明的內容才是前提。舉例而言，不說「會進入轉化狀態」，而要說「一定會進入轉化狀態」，對方就會思考是否一定會進入，前提是進入轉化狀態。

例「你運氣很好，感覺會很順利。」

●米爾頓模式③——間接引導模式

米爾頓模式的第三種是「間接引導模式」。

轉化是一種降低對外在注意力的一種狀態。為了引導至轉化狀態，切記不要讓對方產生有意識的判斷。如果用「請～」這類直接給予指示的表現，對方會產生有意識的判斷，容易發生抗拒的情況。

間接引導模式會避免用「請～」這類直接給予指示的語句，而採用間接引導的方式。

· **置入性命令**：將指示或命令放入文字裡。舉例來說，「請想像你的未來」這句話，由於指示過於直接，對方容易產生抗拒，因此將「～很不錯」放入文字中，句子就變成「試著想像你的未來，是個很不錯的選擇喔」，如此一來，句子的表現就變得較委婉，不容易引發對方的反彈。如「開始進行～」「我覺得～」「～是件好事」「對～感興趣」等語句，都是屬於置入性命令。

例「希望您能夠現在做決定。」

・**類比記號**（analog marking）：運用肢體語言、音量或音調這類非語言的方式來表現訊息。例如，當你說「只要吃到美味的食物，就會有『元氣滿滿』的感覺」，此時，在說「元氣滿滿」這部分，做出振臂的手勢，稍微停頓一下，或是提高音量等等，如此一來，就能跟其他表現方式有所區別。聽者會有意識地認為這句話的意思是「只要吃到美味的食物，就會有元氣滿滿的感覺」，但是會無意識地接收話者所說的「元氣滿滿」。

例「我曾經被別人要求『請安靜』。」

・**置入性問題**：將問題放入文字裡，比起直接提問來得婉轉許多。例如，將「我想～」放入「你想吃什麼？」這個問題裡，文章就會變成「我想問，你想吃什麼」，如此一來，對方就會不自覺地尋找這個問題的答案。

例「你過去是多麼地努力，我並不了解。」

・**否定命令**：運用否定文字來表現命令。若要理解否定文，必須先要將否定的部分去除，變成肯定文，就能理解。例如，當你說「請不要想像光明的未來」，對方為了理解句子的意思，會先想像光明的未來。這句話其實跟你說「請想像光明的未來」具有相同的效果。

例「請不要馬上做決定。」

・**對話的要求**：運用能夠以「是、否」來回答的疑問句，來提出要求，像是「～辦得到嗎？」「～了解嗎？」比起直接說「請～」，這種方式不容易引起對方的反抗。例如「你知道現在幾點嗎？」這個問題，可以用「知道、不知道」來回答，但是對方不會回答「是，我知道」，而是回答「現在是六點」。

例「可以告訴我，您做過最順利的事情是什麼嗎？」

・**曖昧表現**：一個句子或單詞擁有多重意思。運用曖昧的表現方式，就能夠讓聽者感到混亂，這時候聽者會進入內心，因此可藉機引導對方進入轉化狀態。

①**音韻的曖昧表現**：同音異義語。例如，「ㄑㄩㄢˊ ㄌㄧˋ」，可以寫成「權力」，或「權利」，兩者意義不同。

②**文章結構的曖昧表現**：用文法來呈現不同的意思。例如「即使不被了解，仍然會產生改變」這句話，可以解釋成「不了解」的尊敬語表現，也可以解釋成

「即使得不到對方的諒解」。

③**範圍的曖昧表現**：不明確指出形容詞是形容哪個部分。例如「只要放輕鬆就會發現體驗很充實」這句話，可以解釋成「只要放鬆體驗就會很充實」，也可以解釋成「只要放輕鬆就能夠發現」。

④**標點符號的曖昧表現**：運用曖昧的標點符號位置，讓一個語句成為一句話的終結，同時也是另一句子的起始。舉例來說，「深呼吸放鬆」這句話，「深呼吸」與「放鬆」就合成一個句子。

●米爾頓模式④——比喻

米爾頓模式的第四種是「比喻」。比喻就是譬喻。

比喻並非直接的表現，因此不容易引發有意識的抗拒，訊息容易在無意識的情況下傳達出去。

・違反選擇性的限制：某一事物在定義上無法擁有某項特質，例如「空氣是你的夥伴」，空氣無法成為你的夥伴，因此對方會不由自主地去思考真正的意義。

例「山頂正在等你。」

・引用：引用第三者的話來傳達訊息。這樣做不需要對訊息的內容負責任，又能夠傳達意思。例如，當你直接說「如果有所遲疑，就應該嘗試」，聽者而有所抗拒，若將句子改成「公司的上司曾對我說『如果有所遲疑，就應該嘗試』。」就能夠降低聽者抗拒的程度。

例「常常有客人說『真的很好吃』。」

廣告中常運用的米爾頓模式

抽象的表現方式對大多數人有用，因此，在發表會，演講，廣告這類一對多的溝通情況，**運用米爾頓模式是很有效的**。

例如演講的情況就很常運用「今天很感謝各位的熱情參與」、「希望各位放輕鬆好好享受」等表現方式。

政治人物經常會用「我會為國民盡心盡力」的表現方式。

廣告商品常用「物美價廉，人氣的新商品」的表現方式，電影廣告常用「讓全世界哭泣，萬眾矚目的感動之作！」的表現方式，而旅宿業的廣告則常用「用最棒的服務，讓您有賓至如歸的感動。」的表現方式。

抽象的程度越高，越是能讓多數人接受。

但是要注意，詞句的意思會因為聽者的解釋方式不同而異。當聽者聽到「最棒的服務」，會從自己的實際經歷來解釋「最棒的服務」，然後有所期待。但是因人而異。一旦得不到自己所期待的服務，就會有被背叛的感覺。

米爾頓模式與後設模式

在溝通的過程中，當對方運用米爾頓模式，你可以用後設模式（↓85頁）的提問法來破解。

舉例來說，當對方說「這是人氣商品喔」，你可以用「具體而言，是怎樣受歡迎呢？」來詢問對方。

或是當對方問說「期待下次再見」，你可以問對方「已經約好下次了嗎？」

在米爾頓模式中，簡化、扭曲及一般化的訊息，可透過後設模式的提問法還原，如此一來可減少誤會，與人相處融洽。

Part
5

改變行動及情緒

到前一部分為止，介紹的是有助於與他人溝通的技巧。而從Part5開始，將會介紹自我溝通的技巧。和自己對話，能夠讓自己有所改變及成長。

在Part5中，將介紹改變自我行為及情緒的技巧。藉由改變五感，就能夠改變行為及情緒。

策略 改變做法，就能改變結果

美紀因為換了新上司而倍感壓力。但自從她運用改變感知位置，能夠有禮貌地應對上司，漸漸提高了上司對她的信賴程度。

在還沒換上司以前，由於文件沒有那麼多，所以她在離開辦公室以前沒有特別整理桌子。自從換了這位很細心的上司，美紀收到的文件變多，桌子經常很散亂。

美紀有想要把桌子整理乾淨之後再回家，但是當一天的工作結束，她看到散亂的桌子，又不禁覺得整理好麻煩，結果就放著凌亂的桌子回家了。

改變行為模式

我們會將各種行為模式化。舉例而言，我們早上起來後就會刷牙洗臉，抵達公司之後，放下包包，打開電腦，然後收信。像這樣，我們過著日復一日的模式化生活。要是我們的生活沒有模式化，每天醒來要一直想接下來要做什麼，然後才動作，這是非常累的一件事。多虧模式化，讓我們能夠過著有效率的生活。

模式化雖然很有效率，但是有時候我們會將並非所期望的事物模式化，因此就算想要改變卻遲遲無法辦到。

我們很容易將焦點放在模式化的結果，但是不要忘記，抵達終點以前會先經歷過程。會發生模式化，是因為遵從相同的過程，自然會得到相同的結果。

藉由改變模式的過程，就能夠改變因模式而產生的結果。

所謂的過程，再講得精確一點，就是運用五感的順序。NLP裡面，達成某一件事情所運用的五感順序，稱作「策略」。策略（strategy）有「戰略」的意思。

我們在行動，做決定，甚至是記憶時，各種情況都會用到策略。藉由改變策略，就能夠得到不同的結果。

策略的表現方法

運用五感的時機分成兩種。一種是針對自己以外的外界事物（external），另一種則是針對自我內心（internal）的內在世界。

下列的符號是策略的表現方式。

- **視覺**（Visual）：用「V」表示。眼睛所見的外在事物用「Ve」表示，內心想像的形象則用「Vi」表示。
- **聽覺**（Auditory）：用「A」表示。耳朵聽到的外在聲音用「Ae」表示，內心聽到的語言或聲音用「Ai」表示。內心語言稱作內部對話，用「Ad」表示，屬於「Ai」的一部份。
- **身體感覺**（Kinesthetic）：用「K」表示。體驗並感受外在事物的味道用「ke」表示。感受身體的感覺或情緒則用「Ki」表示。

視覺（V）

外部視覺（Ve）

內部視覺（Vi）

聽覺（A）

外部聽覺（Ae）

內部聽覺（Ai）

內部對話（Ad）

身體感覺（K）

外部身體感覺（Ke）

內部身體感覺（Ki）

若發生了不理想的結果，很多情況是沒有運用到V、A、K三項中的某一項。此時改變策略，請試著運用V、A、K三項。

改變策略

美紀已經將「沒整理桌子就回家了」這件事模式化，她想改變成「整理好桌子再回家」。

首先，美紀先將沒整理桌子就回家的策略整理出來。

看到凌亂的桌子（Ve）

←

覺得整理很麻煩（Ki）

←

內心想著「整理好麻煩喔。今天就先回家」（Ad）

←

放著凌亂的桌子回家去

接著請美紀設計理想的策略。美紀發現，她過去的策略，看到凌亂的桌子（Vi），只運用到身體感覺（Ki）及聽覺（Ad）。在這邊美紀試著加入視覺。

看到凌亂的桌子（Ve）

←

想像整理乾淨的桌子（Vi）

↓

感受在乾淨的桌子上做事的好感覺（Ki）

↓

在內心說「來整理」（Ad）

↓

開始整理

藉由想像整理乾淨的桌子（Vi），就能改變內部的身體感覺，學會感受好的感覺（Ki）。如此一來，美紀覺得「整理起來應該沒問題」。

想像完成後的樣子

能夠完成事情的人，一般來說都是擅長於想像完成之後的樣子。

如運動選手會想像自己贏了比賽之後的樣子。要是選手在開始練習以前就先想像練習的辛苦，很有可能無法順利進行練習。

不擅長打掃、洗衣或是讀書的人，多半都是在還沒開始做以前就有所排斥或討厭。這時可請他們想像完成後的樣子，像是打掃乾淨的房間，洗乾淨的衣服，或是通過考試的自己，就容易著手進行這些事情。

用後設模式問出策略

要釐清策略的運作方式，可以運用後設模式（↓85頁）的提問法。

「我覺得好不安。」

「總是感到不安嗎？」

「也沒有總是啦……，只是有時候會感到不安。」

「你是如何得知自己很不安呢？說不定你其實很幸福。」

「我覺得身體很有拘束感。」

「然後？」

「聽到有個聲音對我說『這樣下去不行』，身體變得很沈重。然後我又聽到『沒辦法』，因此身體更加有拘束感。」

從上述的對話中可以得知不安的策略如下：身體感受到拘束感（Ki）→聽到「再這樣下去不行」的聲音（Ad），身體感到很沈重（Ki）→聽到「沒辦法」的聲音（Ad）。

感到不安而意志消沈，大多情況是因為內部對話（Ad）與內部身體感覺（Ki）不斷交互出現。

知道策略的運作方式，就能夠改變策略。

喜歡內部對話的人，會不斷對自己說「不會，我辦得到」。其實，改變策略會更有效果。

上述的策略中，「我」並沒有運用到視覺，在這邊我們試著運用視覺（V）。讓「我」停止內部對話，並想像自己未來有魅力的形象（Vi），就能夠讓身體受拘束的感覺消失。

WORK

策略

❶先將想要改變的行動模式特定出來。
❷重新體驗想改變的行動。
❸階段性地重現行動，並將策略整理出來。
❹接著設計出理想的策略。記得V、A、K三項都要運用到。
❺確認設計好的策略是否可以順利運作（未來模擬〈↓112頁〉）。

●TOTE模式

當你想進入某個建築物，你在門口發現大門深鎖，推了門卻推不開。於是你改成拉門，結果門就開了。最後你成功地進到建築物裡面。

我們將這個方法稱作「TOTE模式」，這是達成NLP目標所需的基本思考方法。

TOTE模式

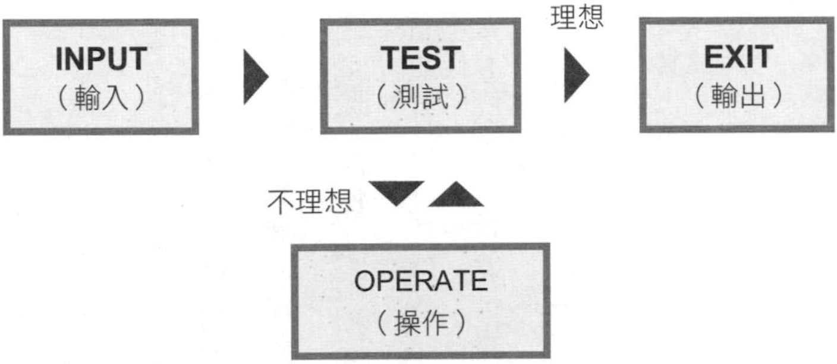

TOTE模式是測試現在的狀態是否為理想狀態。如果不是，則反復操作現在的狀態，直到達成理想狀態為止。

TOTE是取TEST（測試）→OPERATE（操作）→TEST（測試）→EXIT（輸出）四個英文字的第一個字母而成的。

①TEST（測試）：判斷現在的狀態是否為理想狀態。

②OPERATE（操作）：操作現在的狀態，使其接近理想狀態。

③TEST（測試）：判斷操作的結果是否為理想的狀態。如果不是理想狀態，則退回到步驟②。

④EXIT（輸出）：達成理想狀態，結束模式的運作。

當你要進入建築物，①大門深鎖，並非理

想的狀態。↓②試著推門。↓③發現門打不開，並非理想的狀態。↓②試著拉門。↓③門打開了，達成理想的狀態。↓④結束。透過這一連串的步驟來達成目標。

TOTE模式不會出現失敗的情況。即使門推不開，也不算是失敗，而是回饋。當事情進行得不順利，此時，只要嘗試其他方法即可。

做事時如果遇到不順利，人們會傾向用相同的方法來解決。但是相同的方法，只會得到相同的結果。怎麼推都推不開的門，再推一次還是推不開。

當某一種方法無法順利進行，此時，嘗試用別種方法，順利進行的機率會提高許多。這也是為什麼如果門推不開，就要試著拉門。

TOTE模式不會分析事情的原因。就算分析門推不開的原因，也無法達成目標。這並不是說分析原因是一件沒有意義的事情。但更重要的是要實現目標。

「這世上最瘋狂的事情，就是每天不斷地重覆相同的事情，卻期待得到不同的結果。」

愛因斯坦

控制自己的狀態

心錨

大輔很熱衷於學習。他在進行企劃的同時，為了增加些有益的知識，他會將資料帶回家閱讀。

但是他在家卻老是無法專心，總是要花很多時間才能靜下心來閱讀。他很想立刻進入專心的狀態。

當我們看到酸梅，就會感受到酸的感覺，口水會很自然地流出來。

我們只要聽到「驪歌」的旋律，或是只要聽到「驪歌」這個名稱，腦中就會浮現畢業典禮的場景。

只要有某一種刺激，就會產生特定的反應，這種情況很常見。**這是因為刺激與反應的組合被模式化的結果。**

成為理想的狀態

刺激與反應的組合，可以自然地產生，也可以有意識地創造出來。創造刺激與反應的組合，我們稱作「建立心錨」（anchoring）。

建立心錨就像是在自我內心創造一個開關，建立好心錨，就能夠隨時讓自己進入理想狀態。像是唸書時專心的狀態，或是在別人面前說話時充滿自信的狀態。

棒球選手在打擊區做特定的動作來提高專注力，這也是建立心錨的例子。

我們將引發特定反應的刺激稱作「心錨」（anchor）。心錨是「錨」的意思。有如船隻抛錨一樣，抛下心錨，就能固定自己的狀態。

透過我們的五感（視覺、聽覺及身體感覺）感受到的刺激，可以用來設心錨。

◎視覺心錨

如符號、記號、圖畫、照片、服裝、臉等等。看到酸梅引發酸的感覺，就是視覺心錨運作的結果。

創造刺激與反應的組合

一顆酸梅

◎聽覺心錨

如語言、音樂、內部對話等等。聽到「驪歌」的旋律而想到畢業典禮的場景，就是聽覺心錨運作的結果。

◎身體感覺心錨

如動作、姿勢、肢體接觸、味道等等。職棒選手在打擊時做出特定的動作，就是身體感覺心錨運作的結果。

另外，像是房間或位置這類的空間也能夠成為心錨。坐在固定的位置上就會感到心安，這就是所謂的「空間心錨」。

心錨是建立在體驗中。沒看過酸梅的人，就算看到酸梅也不會有任何反應。吃了酸梅感覺到好酸，只要重覆這個體驗，以後只要看到酸梅，就會感受到酸的感覺。

在理想的狀態下重覆特定的刺激，就能夠讓這個刺激變成心錨。

例如，在充滿行動力的狀態下重覆做出振臂的動作，往後只要做出振臂的動作，就能夠進入充滿行動力的狀態。

伴隨著強烈感覺的狀態，只需要體驗一次，就能夠成功建立心錨。重覆體驗則能夠讓心錨變得更加穩固。

巴夫洛夫有一個很有名的「狗分泌唾液」的實驗。他對狗搖鈴，同時拿飼料給狗吃。經由不斷重覆，後來狗一聽到鈴聲響，就會流口水。這就是透過重覆體驗建立心錨的結果。

建立心錨的四個重點

要有效地建立心錨，有以下四個重點：

①把握達到高峰前一刻的時機：建立心錨的時機，是在達到高峰的前一刻。這是為了引爆心錨之後就能馬上達到效果。

②**強烈的狀態**：狀態越是強烈，越容易建立心錨。

③**動作要獨特且簡單明瞭**：心錨要選擇獨特且簡單明瞭的動作。像是點頭等一般性的動作，無法成為心錨。

④**要能正確且重覆進行**：為了要隨時都能夠引發心錨，必須要能正確且重覆進行。要先思考什麼樣的情況下才能引發心錨，然後再選擇心錨。舉例而言，振臂的手勢在運動場上或許很適合，但是在商業的洽談情況就不適合。像這時，可以用大拇指跟中指，或是大拇指跟無名指圈出一個圓，這種動作不僅能夠正確且重覆進行，也因為是獨特且簡單明瞭的動作，因此心錨容易建立成功。

資源・心錨

「資源・心錨」是喚起特定的資源，達成理想狀態的心錨。一般提到的「心錨」，指的就是資源・心錨。

大輔為了讓自己在家唸書時能夠馬上專心，他試著建立資源・心錨。

建立資源・心錨的方法

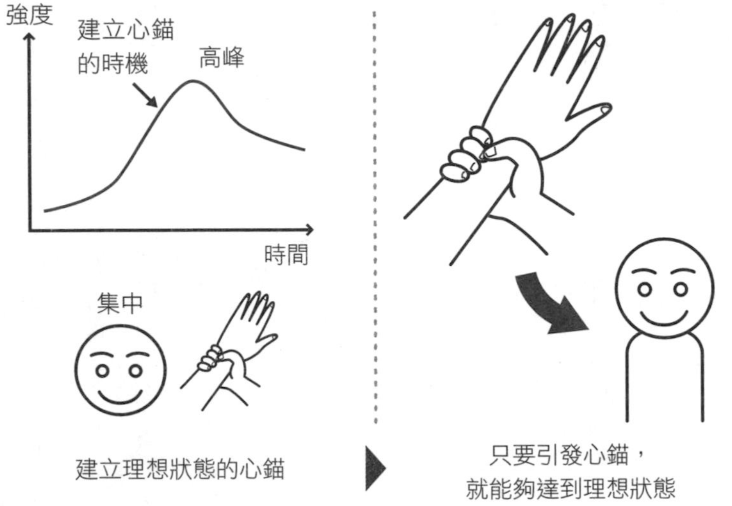

首先決定引發心錨的刺激點。大輔決定將右手握住左手手腕的動作當成刺激點。

接著回想起過去專注讀書，此時，並試著進入同樣的狀態。

結果大輔感覺到體內的專注力源源不絕地湧出。在專注力到達高峰的前一刻，大輔用右手握住左手手腕。然後重覆這個動作數次。

如此一來，大輔只要用右手握住左手手腕，就能夠提升專注力。對大輔來說，用右手握住左手手腕的動作，就是專注力的開關。

從此刻起，當大輔要在家裡讀書時，他就會用右手握住左手手腕，然後就能馬上專心唸書。

WORK

資源・心錨

❶ 回想起體驗理想狀態時的情況，想像同樣的狀態。

❷ 當狀態達到高峰的前一刻，建立心錨。

❸ 深呼吸之後，回到中立的狀態（這稱作「中斷情緒」）。

❹ 引發心錨，確認是否達到理想狀態。

建立錨除了基本的資源・心錨，還有其他各種類型。

● 堆疊心錨

「堆疊心錨」（stacking anchor）是一種堆疊心錨的方法，Stack是「堆疊」的意思。

同一個心錨可以建立數個不同狀態。舉例而言，我們可以用拇指跟無名指圈成一個

建立堆疊心錨的方法

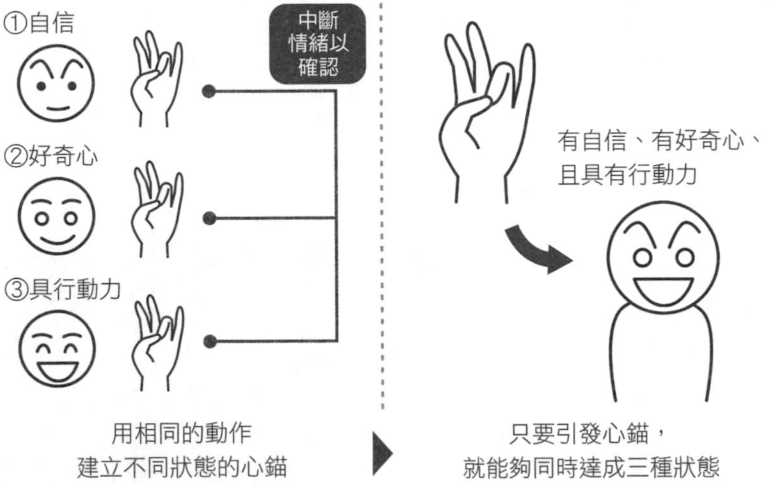

①自信
②好奇心
③具行動力
中斷
情緒以
確認
有自信、有好奇心、
且具有行動力
用相同的動作
建立不同狀態的心錨
只要引發心錨，
就能夠同時達成三種狀態

環，然後在這個動作上建立自信、好奇及具行動力的心錨。

● 建立連鎖心錨的方法

「連鎖心錨」（chaining anchor），是當理想的狀態與現在的狀態差距很大時，階段性地引發心錨的方法。Chain就是「連鎖」的意思。

舉例而言，要從生氣的狀態立刻轉變成合作的狀態，差距太大，非常困難。在這種情況下，就必須階段性地連結生氣→冷靜→好奇心→合作。

接著建立每一階段的心錨。例如生氣的心錨建立在手腕，冷靜的心錨建立在手肘，

建立連鎖心錨的方法

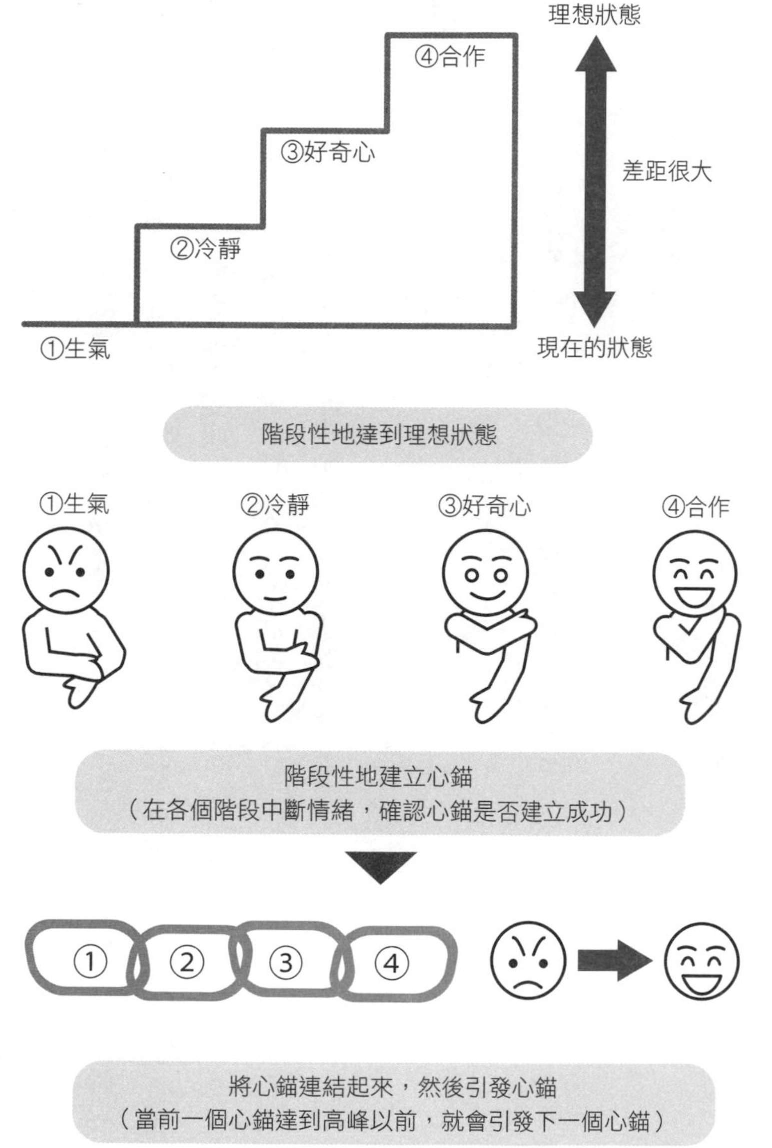
理想狀態
④合作
③好奇心
差距很大
②冷靜
①生氣
現在的狀態
階段性地達到理想狀態
①生氣
②冷靜
③好奇心
④合作
階段性地建立心錨
（在各個階段中斷情緒，確認心錨是否建立成功）
① ② ③ ④
將心錨連結起來，然後引發心錨
（當前一個心錨達到高峰以前，就會引發下一個心錨）

好奇心的心錨建立在在肩膀，合作的心錨則建立在脖子。只要碰觸某一個部位，就能夠變成那個狀態。

一開始先碰觸手腕，就會開啟心錨，變成生氣的狀態。在生氣的狀態達到高峰以前碰觸手肘，就會開啟下一個心錨，變成冷靜的狀態。在冷靜的狀態達到高峰以前，碰觸肩膀，就會再開啟下一個心錨，變成好奇心的狀態。在好奇心的狀態達到高峰以前，再碰觸脖子，就會開啟最後一個心錨，變成合作的狀態。

這麼做，即使差距很大，也能夠順利達到理想的狀態。

摺疊心錨

摺疊心錨（collapsing anchor）是消除負面狀態的方法。Collapse是「崩壞」的意思。

我們無法同時感受正面及負面的狀態。

舉例而言，我們將負面狀態（像是討厭的回憶）的心錨建立在左腳上，將正面狀態（像是開心的回憶）的心錨建立在右腳上，然後同時引發兩個心錨。結果發現，負面的

建立摺疊心錨的方法

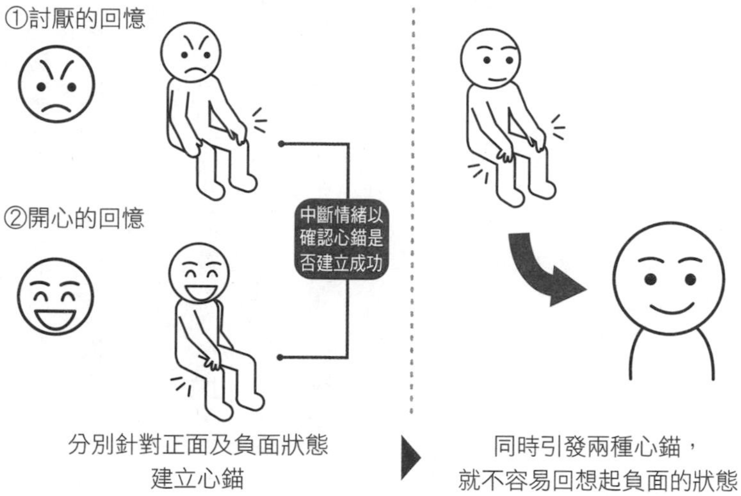
①討厭的回憶
②開心的回憶
中斷情緒以確認心錨是否建立成功
分別針對正面及負面狀態建立心錨
同時引發兩種心錨，就不容易回想起負面的狀態

狀態被消除，不容易回想起討人厭的回憶。

當你要對正面的狀態建立心錨，切記要選擇強度較高的狀態，才容易成功。

COLUMN

不要在臥室工作

家裡的隔間，多半是將白天生活的客廳跟晚上睡覺的臥室分開。這從心錨的角度來看是很有道理的。

臥室就是用來睡覺的，分開來會睡得比較好。五感的刺激會成為心錨，空間也可以是心錨。一旦空間成為心錨，只要進到特定的空間，就會呈現特定的狀態。睡覺的時候進到臥室，不斷重覆這個體驗，使臥室變成睡覺的心錨，只要進到臥室就會變得很想睡。

相反地，如果在臥室工作，或是看手機，就算待在臥室裡，精神還是很好，也就不容易入眠。因此建議在臥室不要工作，只要睡覺。

隨心所欲控制感覺

次感元

美紀有一個交往半年左右的男朋友。

兩個人維持良好的關係，但是有時候也會吵架。她只要一想到跟男友吵架的場景，就會想起男友生氣的臉及大聲吼叫的聲音，這讓美紀感覺很不舒服。

愛吃的食物不再愛了？

選一個自己愛吃的東西，然後想像東西擺在你的眼前，你想吃的情緒有多強烈呢？

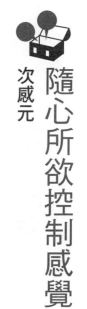

接著想像你愛吃的東西被放到五公尺遠的桌子上，此時你想吃的情緒又有多強烈呢？

兩個都是你愛吃的東西，但是想吃的情緒會有強弱之分。當東西放在眼前，此時，

距離與情緒的關係

很近情緒就增強

很遠情緒就減弱

想吃的情緒會很強烈，東西放遠則會減弱想吃的情緒。

視覺具有距離的構成要素，距離會影響感受。NLP裡面，我們將五感的構成要素稱作「次感元」（submodality）。

次感元有以下多種類型：

◎視覺的次感元

距離、大小、亮度、鮮明度、遠近、位置、平面／立體、彩色／黑白、動畫／圖畫、結合／脫離（↓167頁）等等。

◎聽覺的次感元

音量、節奏、音程、距離等等。

◉身體感覺的次感元

強度、位置、動作、方向、重量、溫度等等。

像前頁改變視覺位置的例子一樣，改變距離，想吃的情緒就會有強弱的改變。我們可以也改變次感元，**只要改變次感元，感受也就會隨之改變**。

次感元是由經驗的品質來決定的。

結合與脫離

剛才請你回想愛吃的東西擺在眼前的景象，我們將這個想像的體驗方法稱作**「結合」（實際經歷）**。結合（associate）是「聯合」的意思。

結合是回想自己實際看到的景象，並感受當時的感覺。當你回想起愛吃的東西擺在眼前，就能夠產生「好想吃」的這個感覺。

另一方面，**你也可以想像愛吃的東西擺在眼前，然後自己正打算吃的樣子。我們將這個體驗方法稱作脫離（分離體驗）**。脫離（dissociate）是「分離」的意思。

脫離是回想自己的樣子。實際上不是自己所看到的景象。然後再感受與體驗相關的感覺，例如「愛吃的食物擺在眼前，感到很開心」。

當我們回想起某些事情，然後去作想像的體驗，此時，就會出現結合跟脫離兩種狀況。不管是哪一種，都屬於次感元。

「結合」是體驗伴隨感覺，用當事人的角度來感受。「脫離」是與體驗相關的感覺，用旁觀者的角度來感受。

若是想以當事人的角度感受喜悅，要運用「結合」。若是想以旁觀者的角度從體驗中學習，則是要運用「脫離」。

結合（實際經歷）

有如親眼所見的影像

影像中不包含自己

感受隨體驗出現的感覺

脫離（分離體驗）

有如懸在空中的攝影機所拍出來的影像

影像中包括自己

感受與體驗相關的感覺

結合與脫離

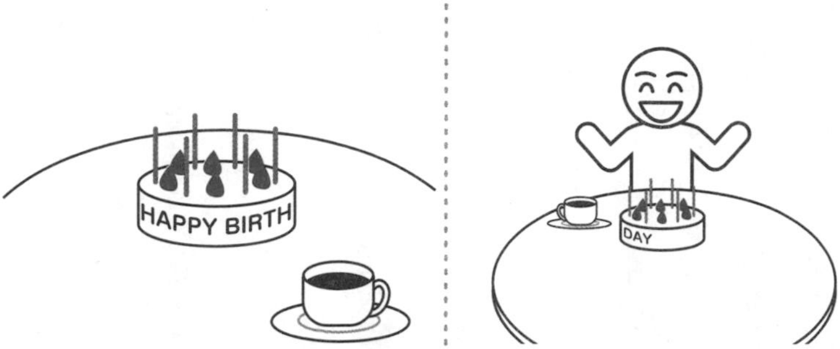

結合是透過自己
親眼所見的影像

脫離是包括自己
在內的影像

改變次感元

即使是相同的記憶內容，只要距離、結合／脫離這類的次感元有所不同，感受就會有差異。

對過去的事情有所牽掛的人，是因為將過去的事情放大解釋。過去的事情已經過去了，現在已經不存在。如果說存在，也只存在記憶裡。

記憶不是讓我們痛苦的東西，而是讓我們從中學習、享受，並對現在及未來有所幫助才有的東西。

就算是討人厭的回憶，只要改變次感元，就能夠改變接受的方法。只要將記憶縮小，然後用脫離（即影像包括自己）來體驗即可。

雖然我們不能改變已經發生的事情，但是我們可以改變接受的方法。次感元的影響雖然因人而異，但是多數人只要影像放大、明亮、鮮艷，並放置在很近的距離，用結合體驗，感覺就會變強烈。開心的事情用上述的方法來記憶，而討厭的事情則相反即可。

改變次感元，就能改變感覺的強度

美紀只要一想到跟男友吵架，感覺就會變差，因此她試著改變次感元。她試著回想跟男友吵架時的情景。

男友生氣的樣子距離很近，近在眼前。此時將男友生氣的樣子放遠，討厭的感覺就會變弱。接著放回原本的位置。男友的樣子跟自己一樣大。再將男友的樣子縮小，討厭的感覺就會變弱。接著將男友還原成原本的大小。

如前所述，調整視覺的次感元，同時也調整聽覺及身體感覺的次感元。調整次感元，就能夠組合出理想的次感元。

轉換次感元（討厭的回憶）

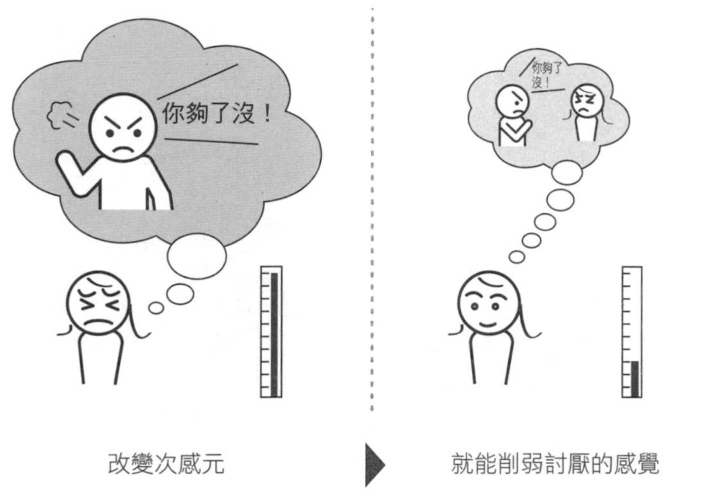
你夠了沒！
你夠了沒！
改變次感元
就能削弱討厭的感覺

前面提到美紀的例子，她將男友的樣子放遠並縮小，然後將畫面調暗，用分離的方式進行體驗。她將男友的音量轉小，並將聲音放遠。

美紀在改變次感元後發現，當她回想跟男友吵架的情景時，討厭的感覺不會再像以前一樣強烈了。

體驗理想事物的時候，可以改變次感元，以增強感覺。

美紀有過跟男友一起旅行的經驗，但是她現在回想起來，只想得到「當時很開心」，於是她試著改變次感元。

她回想跟男友一起旅行時的經驗，然後調整次感元。

改變次感元（快樂的回憶）

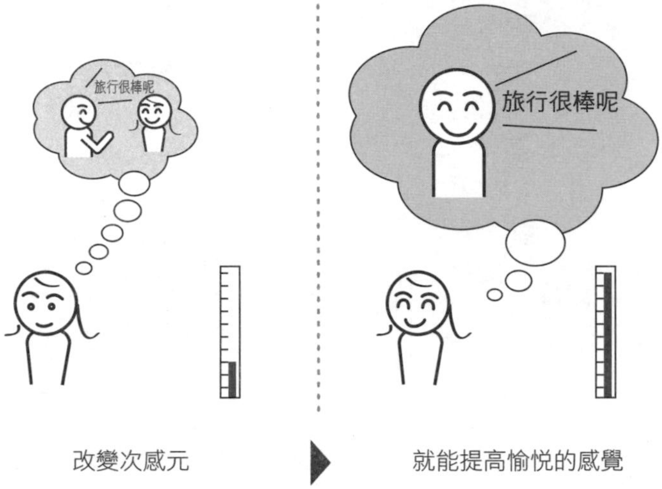

如此一來，她就能組合出理想的次感元。美紀是將男友的樣子放大調亮，並將距離拉近，用結合進行體驗。如此一來，感覺就會增強。同時將男友的聲音放大，並將聲音拉近。

經過以上的改變，當美紀回想旅行的事，就會覺得充滿開心幸福的感覺，也增加了她對男友的愛意。

WORK

改變次感元

❶選出一個想要改變感覺的體驗，然後回想那個體驗。

❷調整次感元

①調整影像的遠近，觀察影響的程度，然後還原到一開始的狀態。

②調整影像的大小，觀察影響的程度，然後還原到一開始的狀態。

③針對次感元的其他部分（↓166頁）做調整。

❸組合理想的次感元，然後進行改變。

❹未來如果有機會體驗相同的事情，可以回想當時的情況，然後確認感覺是否產生改變（未來模擬）。

「人生近看是悲劇，遠看是喜劇。」

卓別林

消除導火線

快速心態轉變法

改變不良習慣

運用次感元（↓166頁），可以改變不理想的反應模式。我們看到某些帶有導火線成分影像的時候，會產生衝動的反應。而改變此一衝動反應的方法，稱作「快速心態轉變法」（Swish Pattern）。英文的Swish是「抽鞭子發出咻咻聲」的意思，在此則是能夠瞬間替換影像的意思。

舉例來說，我們可以改善「一回到家就馬上打開電視的開關看電視」這個問題。要進行快速心態轉變，首先要將引發問題的導火線先抓出來。

在打開電視開關以前，我們會先將目光放在電視遙控器上面。看電視遙控器這件事就是導火線，然後才產生按遙控器的動作。

運用快速心態轉變，改變不良習慣

將導火線放大調亮，
將理想的自我縮小調暗。

將導火線縮小調暗，
將理想的自我放大調亮。

在快速心態轉變法，我們會運用導火線跟理想自我的這兩個影像。所謂理想自我的影像，指的是理想狀態中「想成為的自己」。

首先想像導火線的影像又大又亮，接著在影像的角落，想像理想自我的影像，又小又暗。

當嘴巴說「轉換（swish）」的同時，瞬間將兩者的影像替換。理想的自我變得又大又亮，而導火線則變得又小又暗。

結果發現，當我們看到導火線的影像，想打開開關的感覺變弱，而想變成理想自我的感覺則增強。

「想到過去的回憶，就覺得好討厭。」

「想到上司的臉就好不舒服。」

「看到煙就好想抽！」

「看到蟑螂就不寒而慄。」

這些反應，全部都是因為視覺的導火線所自動引發的。

如「勃然大怒」「在餐廳點太多東西」等情形，也都是因為導火線所引起的。

這些狀況，都可以用快速心態轉變法來改變反應。

WORK

快速心態轉變法

❶ 先決定想改變的某種特殊反應。

❷ 接著將反應的導火線特定出來，想像成一幅又大又亮的畫。

❸ 腦中浮現出理想的自己，然後想像成另一幅畫。

❹ 將理想自我的畫縮小調暗，放在導火線的角落。

❺ 接著說「轉換（swish）」，同時瞬間將兩幅畫做替換，將導火線的畫縮小調暗，然後將理想自我的畫放大調亮。

❻ 重覆步驟❹跟❺，並加快重覆的速度。

❼ 想像導火線的影像，並確認是否成功改變。（未來模擬〈↓112頁〉）

消除恐怖的反應

消除恐懼症

所謂「恐懼症」，**是指對某些事物或狀況產生恐懼的反應。**恐懼症的種類很多，像是懼高症、恐機症、懼犬症等等，不管是哪一種，都是對事物或狀況的恐怖反應建立心錨（↓154頁）所致。

恐懼症是由於過去的經驗所產生的。小時候從高處落下而產生懼高症，或是被狗吠而產生懼犬症。即使只是一次的經驗，只要強度夠強，就會形成恐懼症。

一般的恐懼反應是自我保護所需的，但是極度的恐懼症則會造成生活上的不便。雖然過去曾經有過恐怖的體驗，但我們不需要在未來一直重覆這個恐怖的反應。**恐懼症是經由體驗習得的反應，因此能夠藉由學習而除去。**

運用雙重的脫離體驗來保持適當的感覺距離

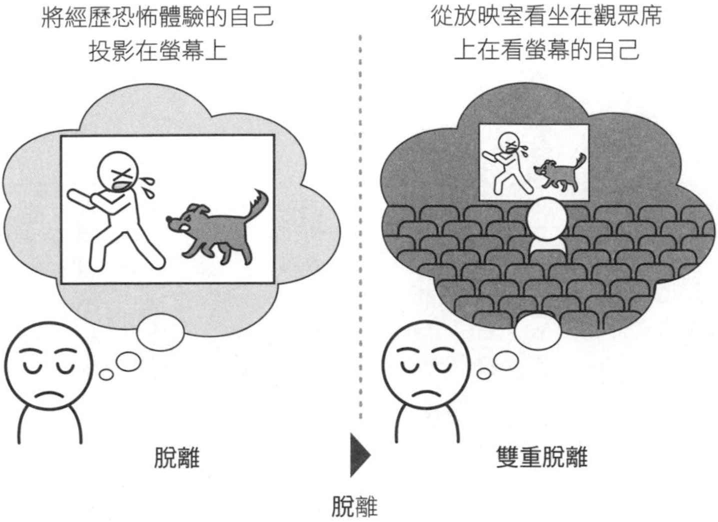
將經歷恐怖體驗的自己
投影在螢幕上
從放映室看坐在觀眾席
上在看螢幕的自己
脫離
雙重脫離
脫離

雙重脫離

當我們回想影像，不容易因過去體驗而產生某種感覺，稱作脫離體驗（→168頁）。想像狗對著自己吠的影像是一種脫離，但是要消除恐懼症，則要運用「雙重脫離」。

請具體地想像一間電影院，將狗對著自己吠的影像投影在螢幕上，你自己則在觀眾席上觀看，稱作脫離。

雙重脫離是在脫離後再做一層脫離。想像自己不是坐在觀眾席上，而是在放映室裡，觀看正坐在觀眾席上看螢幕的自己。

進行雙重脫離，即使是想到狗的影像就會產生恐懼反應，也能跟影像保持適當的感覺距離，再次學習到不產生恐怖反應的體驗。

要消除恐懼症，可以依照下列的步驟進行雙重脫離。如果是沒有經驗的人，要避免獨自進行，一定要請ＮＬＰ訓練師等有經驗的人從旁協助。

WORK

消除恐懼症

這個技巧請由ＮＬＰ訓練師等有經驗的人協助學員進行。

❶ 先對學員的安全狀態建立心錨（↓１５６頁）。若是學員在接下來的步驟中出現恐懼的反應，就可以引發心錨，使學員的內心恢復到安全的狀態。

❷ 請學員想像自己坐在電影院的觀眾席上，眼前有個螢幕。

❸ 接著請學員想像自己離開觀眾席，進到放映室裡，然後看著坐在觀眾席上，望著螢幕看的自己。

❹ 請學員想像自己是放映師，用黑白畫面播放從恐懼體驗開始到結束的過程。

❺ 請學員想像離開放映室，並想像你自己進入影片中，將恐懼體驗的最後一幕，

用高速倒帶至一開始的場景，全程用彩色播放。請重覆這個步驟多次。

❻ 最後請學員回想出現恐懼反應的情況，然後確認往後在同樣的情況不會出現相同的反應（未來模擬〈↓112頁〉）。

讓時間成為你的夥伴

時間線

大輔學會運用心錨按下自己的開關，讓自己馬上進入理想狀態，靜下心來唸書。

他學會運用必要的知識順利地完成專案經理人的工作，但隨著專案的進行，忙碌程度日漸增加。

雖然他一直以來都專注在進行眼前的每一份工作，但隨著工作量的增加，他發現不能再花太多時間在每個小細節了。要是依照過去的工作方式，會讓進度出現大幅的落後，產生障礙。

大輔認為，他應該要更有計劃性地預測將來。

感受時間線的方法，主要分成兩種

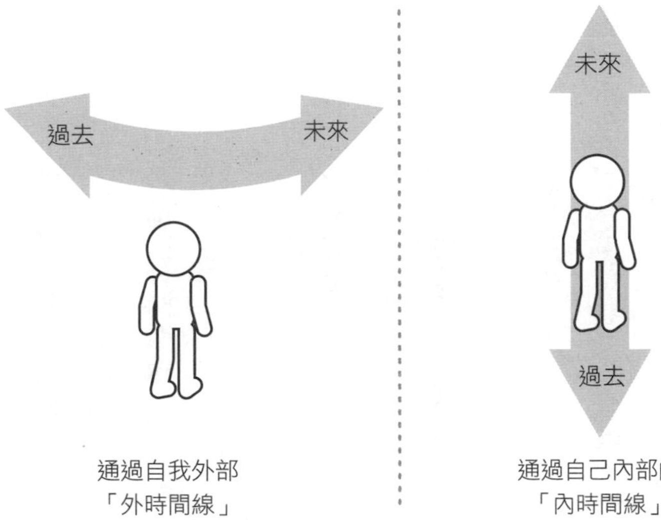

過去是左邊？還是後面？

我們會運用像是「遙遠的過去」「不久的將來」「很長的時間」「延長時間」「預測將來」等，這是將時間跟空間連結在一起的表現方法。在NLP，我們把腦內的時間稱作「時間線」。

時間線大致上分成兩類。時間線通過自己的外部，稱作「外時間線（through time）」，而時間線通過自己的內部，則稱作「內時間線（in time）」。

回答接下來的兩個問題，你就能

夠知道自己的時間線是哪一種。

「過去是在哪邊？是哪個方向？」

「未來是在哪邊？是哪個方向？」

將這兩個點連接起來的線，就是時間線。如果回答「過去在左邊，未來在右邊」，是在通過自己的外部的外時間線。若是回答「過去在後方，未來在前方」，則是通過自己內部的內時間線。

外時間線（through time）

外時間線（through time）英文的意思是「通過時間」，時間線在自己的面前，能夠一目瞭然。

多數的例子是過去在左邊，未來在右邊，但也有相反的情況。在眼神解讀（Eye Accessing Cues）（↓71頁）的定義，從本人的方向來看，左邊是記憶，右邊是創造，但很多情況是跟時間線的方向相同，左邊是過去跟記憶，右邊則是未來跟創造。

外時間線認為，時間是連續不斷的。這類型的人較擅長時間管理，對時間要求正確精準。用脫離（→167頁）來掌握自己的記憶。

這類型的人喜歡訂計劃，並認為工作跟玩樂的時間是分開的。

內時間線（in time）

內時間線（in time）英文的意思是「時間的裡面」。時間線通過自己，大致是過去在後方，未來在前方。

這類型的人較善於專注在眼前的事物。用結合來掌握自己的記憶。要找出記憶，就必須「回首」。「回首過去」是內時間線會運用的詞彙。

這類型的人較不擅長立訂計劃，也不會區分工作跟玩樂的時間。

改變時間線

一般來說，每個人都以一種時間線為基礎在過生活。

我們可以透過回想每天進行的習慣性動作，像是洗臉刷牙等等，來得知詳細的時間線。請試著在腦中浮現昨天、一星期前、一個月前、一年前、五年前、明天、一星期後、一個月後、一年後、五年後的情景，會發現位置皆不相同。而將這些點連接在一起的，就是時間線。

過去或未來的線有可能不存在，在途中斷掉，又或是纏繞成螺旋狀，分也分不開。高度、大小、亮度、鮮明度等各種次感元（↓166頁）而使時間線有所不同。像是「光輝的未來」這種表現，是因為未來的次感元很明亮的關係。

時間線會影響行動或感覺。就像能夠得到自己期望的結果一樣，我們也能改變自己的時間線。

◉對未來感到不安

若是你對未來感到不安，就無法清楚看見未來的時間線。將時間線放在眼前看得見的位置，並將亮度調亮，就能夠提高對未來的動力。

◉忙碌追趕的每一天

若是你的每一天都忙碌追趕，代表未來的時間線重疊在一起，沒辦法排出優先順序。但若將看不清未來的時間線放大，可以一目瞭然，預先計劃。

◎被過去束縛

若是你被過去束縛，就想像過去的事情正在眼前發生。將過去的時間線從眼前排除並縮小，就能不被過去束縛了。

◎沒有實際活著的感覺

若是你沒有實際活著的感覺，則代表時間線沒有通過自己的內部。將時間線變成內時間線，通過自己的內部，就能變成光亮鮮明的時間線。

◎時間管理能力很差

如果你是時間管理能力很差的人，無法看清整體的時間線。將時間線變成外時間線，就能一目瞭然。

改變時間線，運用時間

大輔為了改變時間線，試著進行「移動時間線」。

大輔每天早上刷牙時，想像正在刷牙的自己，頭的後方就會浮現出自己的樣子。

昨天刷牙的樣子在今天的後方，而一星期前刷牙的樣子又在更後方。只要想像刷牙的樣子，即使是一個月前、一年前、五年前，大輔都會在自己的頭後方浮現當時的樣子。

接著大輔想像自己明天刷牙的樣子，此時他馬上在眼前浮現出自己的樣子。一星期後的樣子在明天的前方，只要想像自己一個月後，一年後，五年後刷牙的樣子，就會不斷浮現在前方。

大輔知道自己的時間線是過去在後，未來在前，時間線通過自己內部的內時間線。

即將發生的事情就在眼前，因此很清晰，但稍微遠一點的事情，則無法看得很清楚，呈現模糊的狀態。

因為大輔無法看清未來，所以會覺得日子過得忙碌又沒有計畫。

這種情況下，大輔試著將時間線改成外時間線。將向後延伸的過去移至左前方，向前延伸的未來則移至右前方，就能夠看清楚整個時間線，使未來來變得更加清楚。

如此一來，他對於過去及未來都能一目瞭然，因此能夠排出事情的優先順序，冷靜沈著地運用時間。

在時間線上行走

想像有一條時間線在地板上，我們能夠在上面行走。

然後再想像一條時間線通過自己的內部，向前延伸是未來，向後延伸是過去。

接著倒著走向過去，然後停在你認為體驗最豐富的時間點，就能夠感受資源。

接著，朝向未來的方向邁進，試著走到實現自我目標的時間點，就能夠體驗實現的狀態。只要轉１８０度朝後方望去，就能夠回顧過去所經歷的事情。

在時間線上行走

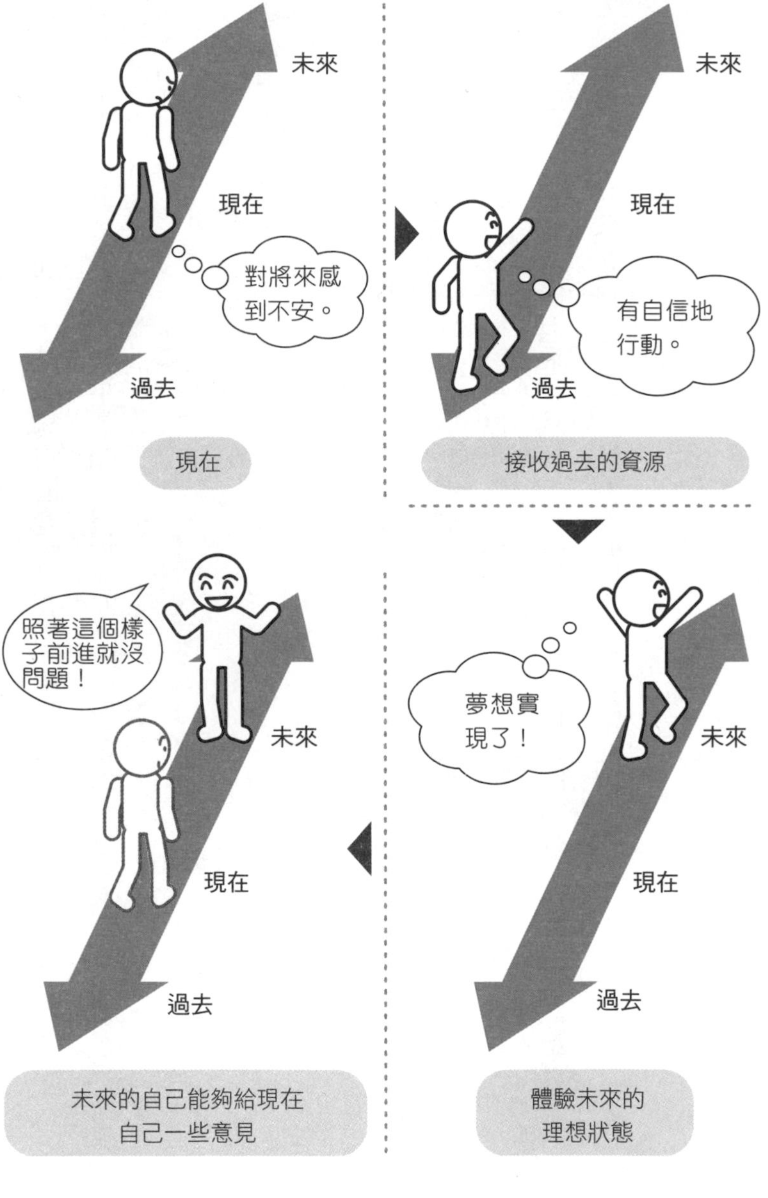

未來
現在
對將來感到不安。
過去
現在
未來
現在
有自信地行動。
過去
接收過去的資源
夢想實現了！
未來
現在
過去
體驗未來的理想狀態
照著這個樣子前進就沒問題！
未來
現在
過去
未來的自己能夠給現在自己一些意見

WORK

移動時間線

❶ 選一個每天都會做的習慣性動作，像是洗臉或刷牙。

❷ 想像自己今天早上做這個動作的樣子，然後確認動作發生的地點（在便利貼上做記號，然後貼在床邊容易回想）。

❸ 如步驟❷所述，將昨天、一週前、一個月前、一年前、五年前動作發生的地點確認出來。

❹ 未來的部分也如同步驟❷所述，將明天、一週後、一個月後、一年後、五年後動作發生的地點確認出來。

❺ 除了位置以外，如果高度或亮度有所差異，請一併做確認。

❻ 想像新的時間線，然後改變。

❼ 觀察自己的生活在採用新的時間線後有何改變。

「不需要對過去及未來感到痛苦。
因為過去已經逝去，而未來尚未來臨。」

阿蘭

Part
6

改變討厭的自己

前一章Part5介紹了自我改變及自我成長的技巧。

看待事物的方法有兩種，一種是掌握細節，另一種則是掌握整體。在Part5中曾介紹，改變五感的運用方法，就能改變行為或感覺，掌握事物的細節。

接著在本章Part6中，要介紹掌握整體大方向的方法，來改變自我。

負面的行為
正面的意圖

無理取鬧……

美紀想看某部電影，她已經跟男友約好要一起去看，但是到了當天，美紀的男友卻遲到了。

「抱歉，我遲到了。」

「你為什麼遲到？你應該早就知道我一直很期待看這部電影啊。」

「因為開會開太久了啦，但是電影還沒開始，還來得及啊。」

「這不是重點，重點是我那麼期待但你居然遲到，真不敢相信。」

「喔，但是還來得及啊。」

「別想矇混過去，你做錯事，就要好好道歉。」

「我剛剛不是已經道過歉了？」

「就是因為你沒道歉我才生氣，算了，我要回家了。」

美紀的男友一臉困惑的表情，但美紀不理男友轉頭就走。

感到困惑的，其實不只是美紀的男友，就連美紀自己也不知道為什麼會作出這麼無理取鬧的事情。她明明很喜歡男友，電影明明也還來得及，男友也已經道了歉，她明明不需要生氣，也不需要轉頭就走，但不知為何，美紀還是生氣轉頭就走了。

想戒卻戒不掉

人的行為舉止分成兩種，一種是想做而做，另一種是不想做卻不由得做了。

舉例而言，運動就是想做而做的行為。

行為都含有意圖。運動的意圖是健康及充實感。想做而採取的行動，多數的情況下，自己是相當清楚此一行動背後的意圖。

另一方面，明明是想早睡，但是卻開始上網。這就是所謂不想做卻不由得做了的行

任何行為都是有意圖的

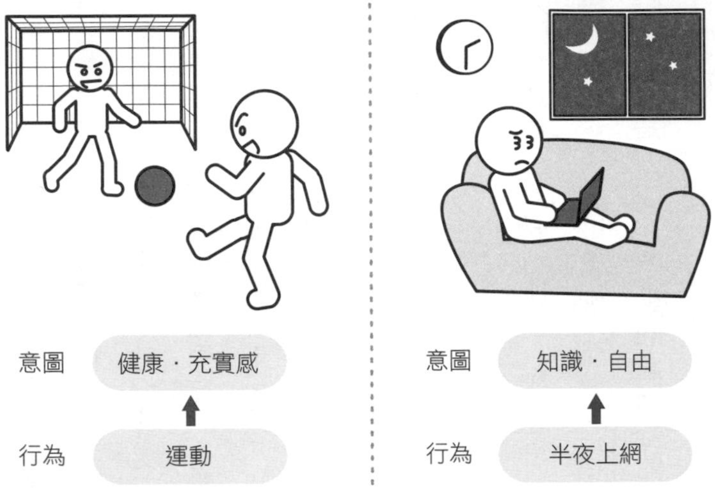

意圖
健康・充實感
行為
運動
意圖
知識・自由
行為
半夜上網

為。

很多情況下是自己沒有意識到，但是這些不由得行為的背後也存在著意圖。

熬夜上網的這個行為，背後的意圖或許是想獲取知識，也或許是想享受自由的感覺。

熬夜上網這個行為本身是負面的，但是知識或自由這類的意圖則是理想正面的。

如上述的例子，任何行為都能得到理想的意圖，在NLP我們將此一意圖稱作**「正面的意圖」**。

人之所以採取負面的行為，是因為行為背後存在正面的意圖。正因為存在正面的意圖，才會想戒卻怎麼樣都戒不掉。

探索正面的意圖

負面行為與意圖的關係因人而異，接下來舉幾個例子。

◎拖延

將時間花在自己喜歡的事情上面，能夠得到樂趣。將事情拖到最後一刻才做，能夠提高注意力，並有效率地解決事情。

◎工作失敗

工作失敗，可以得到別人的同情。也因為得不到別人的讚賞，因此不會被分配到責任重大的工作。

◎填滿行程表

將行程表填滿，就覺得自己被需要，也從中得到肯定自我。

◉抽煙

抽煙可以放鬆，談話出現冷場也不會尷尬，與抽煙的朋友產生革命感覺。

負面的溝通背後也存在正面的意圖。有些人即使學了溝通的技巧，卻還是改不了的原因，是因為過去的負面溝通中存在正面的意圖。

◉自誇

自誇能夠讓別人知道自己的優點。藉此獲得別人的尊敬或認同。

◉看情況說一些小謊

看情況說一些小謊，就能避免被責罵。這不僅能夠保護自己，也能獲得安心感。

◉不表明自己的意見

不表明自己的意見，就能夠不被別人討厭。有些時候能夠感覺自己跟別人有所聯結。

採取負面的行為，感覺就會變差。會討厭自己，或是否定自己。但是不管是哪種討厭的行為，背後都存在某種意圖。而察覺意圖這件事，就是接納自我，改變行為的第一步。

一旦察覺正面的意圖，就會發現，即使採取行動也無法滿足此意圖。舉例而言，自誇的意圖是為了獲得他人的尊敬，但大多情況卻是無法得到他人的尊敬。

感受另一個自己

採取負面行為時，我們多半不會意識到背後正面的意圖。

為了覺察無意識的正面意圖，我們運用「部分」（part）思考方式，可以用來表現「我內心的某部分在驅使我」，而這種「我內心的某部分」就是意圖。

NLP認為「人是由各種具有個性的部分組合而成的」。所以當你採取負面行為，你的內心就存在著負面行為的「部分」。

「部分」就像是擁有一個人格的「另一個自己」，透過感受，能夠與「部分」進行溝通。透過溝通，能夠得知負面行為背後的正面意圖。

要跟「部分」進行溝通，首先必須要再次體驗此一行為。當你有意識地注意自己的內心，會發現自己的內心會產生反應，像是看得見某些影像，聽得見某些聲音，體會到某些感覺。接著將注意力放到產生反應的位置，然後感受心中的「部分」。

感受「部分」之後，接著詢問部分「透過這個行為，你想得到什麼呢？」然後聆聽「部分」的回答。

接著閉上雙眼全身放鬆，將手放在部分的位置，就能輕易地跟「部分」進行溝通。有時候問一次就能夠找到正面的意圖，但有時候找不到。這種情況下，只需要重覆提問，就能夠找到正面的意圖。

尋找無理取鬧的意圖

美紀試著找尋自己對男友無理取鬧行為背後存在的正面意圖。

跟內心溝通——美紀的情況

意圖　愛

↑

想知道是不是不管發生什麼事情，男友都會珍惜我

↑

行為　對男友無理取鬧

首先她先回想對男友無理取鬧的情形，再次體驗當時的狀況。在遲到的男友面前說「算了，我要回去了！」然後轉頭就走。她有意識地去感受自己的內心，發現胸口附近很溫暖，感受到那「另一個自己」的部分就在胸口附近。

美紀將手放在胸前，試著對「部分」提問：

「你這些無理取鬧，是想得到什麼嗎？」

「部分」回答：

「我想知道是否不管發生什麼事，男友都會很珍惜我。」

美紀再問：

「那你知道以後，想得到什麼嗎？」

「部分」回答：

「愛。」

美紀被這個回答嚇到了。原來她是因為愛，才無理取鬧地對待男友。她完全沒料到「部分」的意圖。

此時，男友傳來一封簡訊。內容是對於約會遲到感到很抱歉，並誠心誠意地跟美紀道歉。男友沒有責備美紀，也沒有自認自己的行為是正確的。

美紀看到簡訊後，馬上打電話給男友，並跟男友道歉。

與負面心態的人相處

與別人溝通，對方用負面的方式應對，此時，附和對方的肯定意圖是很重要的。

舉例來說，有些人總是用批判的眼光看待事物，若你尋求這些人對於某些事物的意見，他們只會提出負面的看法。

「我認為這個方法不可行。」

「對新客戶來說或許不錯，但是對老客戶來說不好。」

「這不應該冒險進行。」

與這些人溝通時，即使你推翻對方的意見，也無法得到建設性的結果。

即使是批判，背後也存在正面的意圖。例如，批判可以讓人覺得自己很優秀，藉此獲得他人的認同。一旦自己的批評受到否定，就得不到他人的認同。因此人們會不斷批評。

溝通的意義在於對方的反應（↓27頁）。此時，若是對方的反應不如預期，就必須要改變自己的溝通方式。

不要去推翻對方的意見，而是試著用認同對方的說法，例如「原來如此，原來還有這種看法，那麼你覺得該怎樣好呢？有什麼改善的方案嗎？」

對他人來說，最重要的不是批判本身，而是獲得認同。只要獲得認同，就不再需要批判。若是提出改善方案能夠獲得認同，對方就會積極思考改善方案。

尊重對方的正面意圖，就能夠進行有效的溝通。

WORK

正面的意圖

❶先特定出一個負面的行為。所謂負面的行為，是一直想戒掉，但還是不由得做了的行為。

❷進入採取此一負面行為的想像情況，再一次體驗此一負面行為。

❸有意識地注意自我的內心，等待內心產生反應，像是在內心看見影像，聽見內心的聲音，以及感覺變強烈等等。接著將注意力放到產生反應的位置，然後感受引發負面行為的「部分」。

❹對「部分」提問「透過這個行為，你想得到什麼呢？」然後等待「部分」的回答。

❺在找出正面意圖以前，重覆步驟❹的問題。

「無法與自己相遇的人生，也無法與別人相遇。」

伊丹十三

COLUMN

害怕全力以赴

我們常常有想要完成一些事情的想法，但是往往卻很少傾全力去做。

傾全力去做，結果卻不順利，會怎麼樣呢？就會證明自己是沒有能力的，我們都害怕自己是沒有能力的。

所以我們會選擇不盡全力。

傾全力去做，就算結果不如預期，並不代表自己就真的沒有能力。

讓「又失敗了」畫下句點

六步驟換框法

大輔是企劃負責人，過去他很容易一頭栽進工作裡，但自從他改用外時間線，不僅提高了效率，也能用客觀的角度審視自己。

大輔經常出席與其他相關人員的會議，但是會議卻進行得不太順利。事後他回想原因，發現自己經常在會議上堅持己見。

他很想傾聽別人的意見，但是總是不由得又堅持己見。

尋找其他行為

若是問住在東京的人說「要從東京去福岡，你會怎麼去呢？」大部分的人都會回答「搭飛機去」。

尋找滿足意圖的其他替代行為

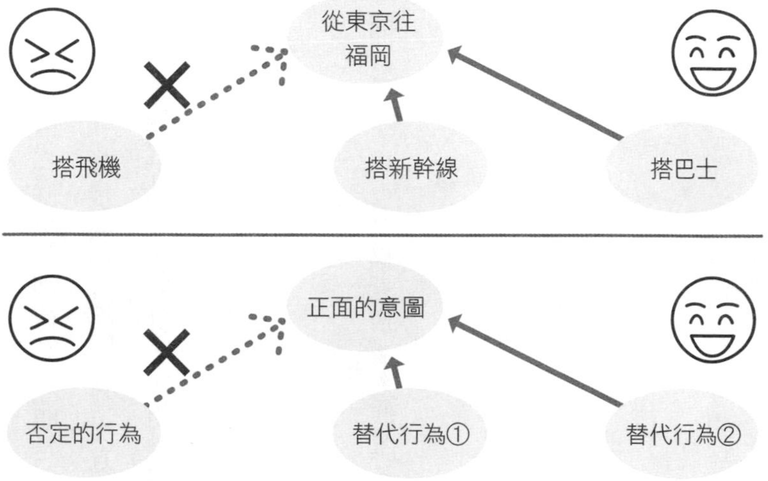
從東京往
福岡
搭飛機
搭新幹線
搭巴士
正面的意圖
否定的行為
替代行為①
替代行為②

搭飛機這個行為，能夠實現從東京前往福岡的這個意圖。

再問「若是某些因素不能搭飛機，那你會怎麼做呢？」有人回答「搭新幹線去」，也有人回答「搭巴士去」。

要實現從東京前往福岡的這個意圖，除了飛機以外，還有其他方法。若是可以用飛機以外的方法前往福岡，那就不需要搭飛機了。

不管哪種行為都一樣。人會為了滿足意圖而行動。而滿足意圖的方法有很多種。若是不想採取某一行為，只要採取另一種能夠滿足意圖的行為即可。

想戒掉的負面行為背後，也存在正面的意圖（↓197頁）。即使想要戒掉某行為，但如果找不到其他的方法來滿足正面意圖，就還是會做出某行為。這種情況下，不是強迫自己戒掉某個行為，而是要增加能夠滿足正面意圖的選擇。

可以運用「六步驟換框法」找出其他行為來滿足正面的意圖，藉此戒掉否定的行為。「六步驟換框法」正如其名，總共有六個步驟，解釋如下：

停止自我主張

大輔為了停止「自我主張」，他試著運用六步驟換框法來進行。

◉步驟一

將想戒掉的行為或壞習慣特定出來。大輔的特定行為是「自我主張」。

◉步驟二

大輔靜下心來，將注意力放在自己的內心，然後感受產生自我主張的「部分」，並詢問「部分」：「如果你願意跟我溝通，可以給我一個『ｏｋ』的訊號嗎？」與「部分」建立溝通。「部分」的訊號會用微妙的反應來表現，像是在內心看見影像，或是聽見內心的聲音，感覺變強烈等等。大輔從肚子附近聽到「ｏｋ」的聲音。然後他向「部分」傳達了自己的感謝之意。

◉步驟三

接著他問產生自我主張的「部分」：「透過自我主張，你想得到什麼呢？」「部分」回答「想讓自己的努力跟實力獲得別人認同」。接著大輔再問，「自己的努力跟實力獲得別人認同，你想從中得到什麼呢？」「部分」回答「安心」。從這邊可以得知，自我主張的正面意圖是「安心」。大輔理解到自己是「為了安心，所以才會自我主張」。

◉步驟四

接著要開始尋找其他能夠滿足正面意圖的行為。為此時，接下來要跟創意的「部分」進行溝通。創意的「部分」是擅長出點子，跟步驟一至三不同。大輔感受創意的「部分」，然後問：「能夠代替安心的行為是什麼呢？」結果創意的「部分」提出了一個點子「每天早上聽喜歡的音樂」。接著大輔再問「還有其他方案嗎？」結果創意的「部分」又在提出了另外兩個點子，分別是「將開心的照片放在桌上看得到的地方」跟「睡前感受感謝的感覺」。

◉步驟五

大輔問內心的「部分」說，「為了得到安心，你願意採取『每天早上聽喜歡的音樂』『將開心的照片放在桌上看得到的地方』『睡前感受感謝的感覺』這三個替代方案嗎？」結果大輔從肚子附近聽到「願意」的聲音。

◉步驟六

大輔問內心的其他「部分」：「有人反對採取這三種替代方案嗎？」確認沒有任何一個部分反對。

大輔結束六步驟換框法後，試著想像自己採取三種新的方案。對大輔來說，這三種方案不僅很輕易地就能辦到，也能滿足安全感，他覺得非常好。往後開會，此時，他不會再一味地自我主張，而學會如何傾聽別人的意見。

WORK

六步驟換框法

❶ 將想戒掉的行為或壞習慣特定出來。

❷ 將注意力放在內心，感受產生想戒掉的行為「部分」，然後問「部分」：「如果你願意跟我溝通，可以給我一個『ｏｋ』的訊號嗎？」等待「部分」產生反應，像是在內心看見影像，聽見內心的聲音，以及感覺變強烈等等。若是得到反應，記得向「部分」傳達你的感謝之意。

❸ 接著問產生想戒掉行為的「部分」：「透過這個行為，你想得到什麼呢？」目的是為了問出行為背後的正面意圖。

❹ 接著問自我內心的創意「部分」，請它提出能夠代替想戒掉的行為，同時滿足正面意圖的三種方案。

❺ 詢問想戒掉的行為的「部分」採取三種替代方案的意願。若是得到「ｏｋ」的訊號則進到下一步，若是沒有則退回到步驟❹。

❻最後問內心的其他「部分」：「有人反對採取這三種替代方案嗎？」確認沒有任何一個「部分」反對。若是有任何一個「部分」反對，則退回到步驟❹。

——「人世間的道路不會只有一條。道路有千百萬條。」

坂本龍馬

統整矛盾

部分整合技巧（visual squash）

美紀跟上司的關係獲得改善，她會整理完辦公桌後再回家，跟男友的關係也變好，不再覺得壓力那麼大了。

由於情況改善，美紀的感覺也放鬆許多，於是思考自己未來的情形跟著變多了。她想到將來的事情，覺得自己應該要減少亂花錢的習慣，增加儲蓄，但是她又想花錢在喜歡的事物上面。

「想儲蓄，又想用錢。」美紀的心中出現了矛盾。

我們都曾經有過各種矛盾，如「明明想減肥卻不自覺地吃了起來」、「想挑戰新的事物卻辦不到」、「想早點睡卻還是熬夜」等等。

之所以會產生這樣的矛盾，是因為兩個部分採取了相反的行為。像是「明明想減肥卻還是不自覺地吃了起來」，就是想減肥的部分跟想吃的部分各自採取行動的結果。

部分都含有正面的意圖（↓199頁）。如想減肥的部分含有「健康」這個正面的意圖，而想吃的部分則含有「滿足感」這個正面的意圖。

兩者都是重要的「部分」，而且都是為了滿足正面的意圖而採取行動。**當兩者所採取的行動相反，就會出現矛盾。**

●矛盾是如何出現的呢？

當矛盾出現，最理想的方法不是二擇一，而是將兩者統整起來。

舉例而言，當家中某一人說想在家吃飯，另一人卻說想在外面吃，這種時候該麼辦呢？

不管是在家吃，還是在外面吃，背後都含有意圖。

經過討論之後，或許就能夠得知其背後的意圖。想在家吃的原因是覺得出門很累很麻煩，而想出去外面吃的原因，則是想吃些不一樣的東西。

這時，只需要點一些平常吃不到的東西，然後請店家宅配，就能夠滿足兩者的意圖。

最重要的不是行為，而是意圖。只要意圖能夠得到滿足就行，行為只是滿足意圖的方法。

當兩個部分產生矛盾，犧牲其中一個部分，然後優先進行另一部分，此時往往會進行得不太順利。因為被犧牲掉的部分也含有正面的意圖，而那個意圖並沒有被滿足。

這就好像忽略想在家吃飯的家人，決定出去外面吃飯。

當我們產生矛盾，部分整合技巧是一種能夠幫助我們統整矛盾的技巧。英文的squash，是「擠壓」的意思。

統整矛盾的方法

美紀內心有兩個部分產生矛盾，一部分是想儲蓄，未雨稠繆，另一部分則是想用錢。

美紀試著運用「部分整合技巧」來消除矛盾。

首先，她將想儲蓄的「部分」放在左手掌上。然後在腦中想像「部分」的形狀及大小，有如白色正方體一般，堅固且有重量。

運用部分整合技巧統整矛盾

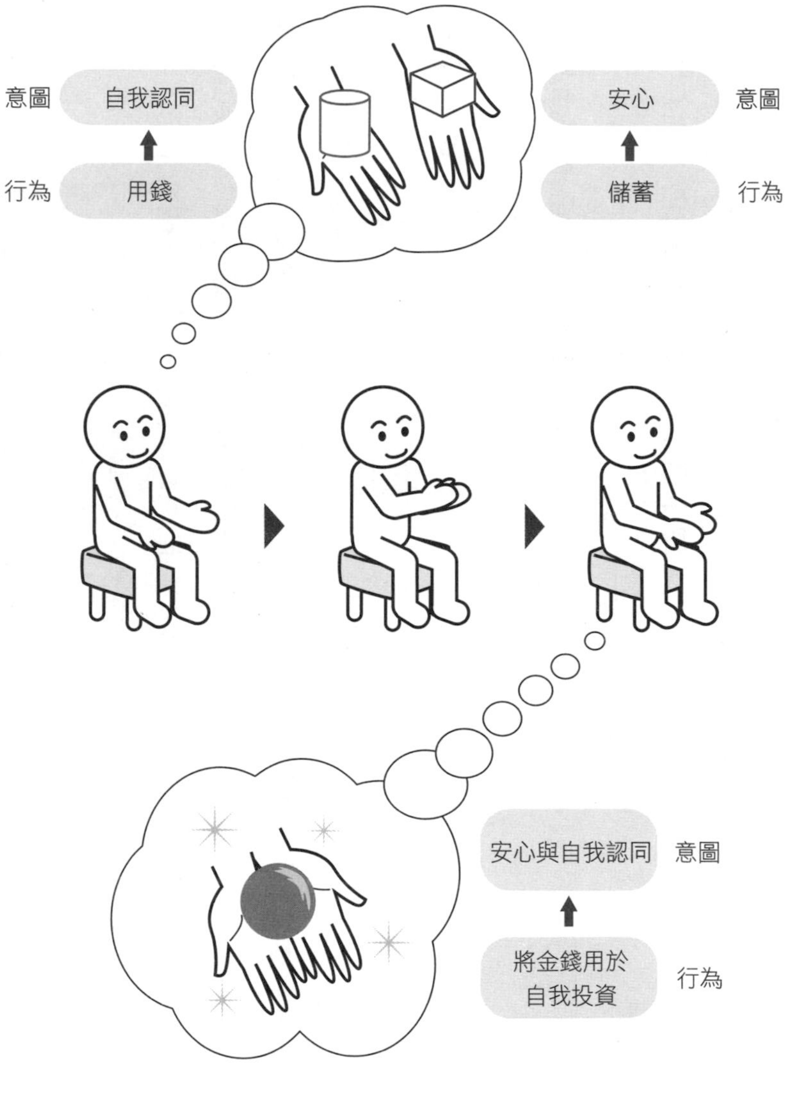

意圖
自我認同
行為
用錢
安心
意圖
儲蓄
行為
安心與自我認同
意圖
將金錢用於
自我投資
行為

接著她問「部分」：「你想藉由儲蓄獲得什麼呢？」「部分」回答「安心」。

這次她將想用錢的「部分」放在右手掌上。然後在腦中想像「部分」的形狀及大小，有如白色圓柱體一般，柔軟且輕盈。

她問「部分」：「你想藉由用錢獲得什麼呢？」「部分」回答：「想感受隨心所欲的自己。」她再問：「感受隨心所欲的自己，是想得到什麼呢？」「部分」回答：「能夠認同自己……自我認同。」

接著美紀讓兩個「部分」面對面，互相交流討論，討論出來的結果是，如果是將錢用在自我投資，就能夠同時得到安心及自我認同。

然後美紀將雙手合十，整合兩個部分。她展開雙手發現，原本兩個「部分」，整合成一個又圓又亮，具有重量。這是滿足了安心及自我認同的新「部分」。

美紀將新「部分」慢慢地放回身體裡，然後想像自己採取新的用錢方式的樣子。

美紀覺得自己的未來充滿了希望。

「就好比異於他人，人有時也會異於自我。」

拉羅什富科

WORK

部分的整合技巧

❶ 先將矛盾特定出來。

❷ 先將其中一個部分放在手掌上，然後運用五感的想像來呈現。

❸ 接著問部分：「藉由這個行為，你想得到什麼呢？」將正面的意圖問出來。

❹ 再將另一個部分放在另一個手掌上，同樣運用五感來呈現。

❺ 然後問部分：「藉由這個行為，你想得到什麼呢？」將正面的意圖問出來。

❻ 讓兩個部分面對面，互相討論並詢問對方，能夠運用哪些資源。

❼ 將雙手合十之後再攤開。想像滿足兩部分正面意圖的新資源。再將這個新的部分放回自己的體內。

❽ 最後想像自己採取新行為的樣子（未來模擬〈↓112頁〉）。

Part
7

實現夢想

本書前半部Part2至Part4，是介紹與他人溝通時所需的技巧，進入後半部Part5及Part6，則介紹如何解決自我溝通時碰到的問題或煩惱。

現在即將進入最後一章。在Part7中，將介紹實現夢想和目標所需的技巧。

訂定目標
八個框架與結果

大輔過去一直以工作為中心，不太有時間想些其他事情。自從他運用移動時間線，學會排出事情的優先順序後，工作便進行得很順利。他也運用六步驟換框法，學會聆聽別人的意見。

因為這樣，他開始能夠靜下心來思考工作以外的事情。最近因為很多人約大輔吃飯，朋友見到他都說「你是不是胖了？」讓大輔下定決心要減肥。但是他只是想著要減肥，過了好幾天卻還是沒有採取任何具體的行動。

NLP裡面，將目標、終點、理想的狀態稱作「結果」（outcome）。要實現結果，就必須要明確地將結果找出來。

只要將結果確定，我們的腦就會為了實現結果，開始無意識地蒐集資訊。

你應該有過這樣的經驗。當你想要買新電視，此時，就會常常看到電視的廣告傳單。

不是因為電視傳單碰巧增加了。傳單一直都在，只是你沒有注意到。當你開始擁有「想買新電視」的結果，才會開始注意到這些資訊。

結果越是明確，就越容易實現。

結果擁有多個面相。不是只從一個面相來思考，而是從多個面相思考，將結果特定出來，就能夠提高實現的欲望，必要時也容易做修正。

從八個面相將結果特定出來的技巧，稱作「八個框架與結果」。回答下列八個問題，就能夠將結果特定出來。

用八個問題將結果特定出來

❶你想得到的目標是什麼？（結果）

用肯定句來表現，大輔的目標是「減肥」，因此「減肥」即結果。

❷你如何得知自己得到結果？（證據）

運用五感的描述，將結果具體呈現出來。大輔實際想像自己減肥成功的樣子。「量體重發現自己瘦了7公斤（視覺），聽見自己內心的聲音說『太棒了！』身體感覺變輕盈了（身體感覺）。」

❸這個結果是何時、何地、和誰一起達成的？（狀況）

呈現結果的過程。大輔想要在三個月內達成減肥的目標。然後他想到公司有位同事喜歡跑步，因此決定跟那位同事一起跑步。

❹想要得到這個結果，會給自己或是旁人帶來怎樣的影響？（環境）

環境的意思是指會帶來的影響。對自己的影響有分好壞，對旁人的影響也有分好壞。若負面影響太強烈，結果就無法令人滿意。朋友們常常邀大輔一起去吃飯，他為了減肥拒絕飯局，卻因此累積壓力，覺得自己好像被朋友們討厭。於是他將自己正在減肥的事情告訴這些朋友，請他們一起幫忙。

❺要得到這個結果所需的資源，你已經擁有哪些？還有哪些是你需要的？（資源）

藉由發現資源（↓29頁），能夠增加實現結果的方法，也能夠強化自己的意志。大輔發現自己擁有的資源是自己過去很喜歡跑步，還有一位也喜歡跑步的同事。

❻如果有什麼事情阻止你得到這個結果，會是什麼呢？（限制）

若有阻礙你得到結果的事物，就很難達成結果。大輔發現減肥會讓別人覺得自己在工作上偷懶，於是他提醒自己不要想太多。

❼你得到這個結果，代表什麼意思呢？（後設結果）

後設結果就是結果的影響，在得到結果之後才會出現。大輔發現減肥的後設結果是能夠過著健康充實的生活，擁有自信。如果能將後設結果明確地找出來，就能夠提升實現結果的欲望。

❽你該從何處開始著手進行呢？（行動計劃）

要實現結果，具體的行動是不可或缺的。大輔減肥的第一步，決定先從詢問喜愛跑步的同事開始。

八個框架與結果——大輔的情況

①結果

②證據

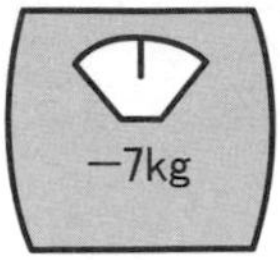

③狀況

④環境

⑤資源

⑥限制

⑦後設結果

⑧行動計劃

容易實現的結果

結果可分兩種，一種容易實現，另一種則不容易實現。

容易實現的結果有下列五種條件，若條件全部符合，稱作「完整統合的結果」。

①**用肯定的表現**：「不能再胖下去了」「不想在人群面前緊張」，像這些否定句的結果是不理想的。否定句的結果，就好比拿著「不買的清單」去購物。因此，我們需要肯定句的表現，如「減肥」「在人群面前落落大方」等等。

②**由達成目標者來控制**：結果必須要是自己能夠控制的。「想得到上司的認同」「不想讓朋友說『你是不是胖了？』」像這些由別人來控制的結果，是不理想的。能夠控制的不是別人，而是自己。如果「想得到上司的認同」，就應該思考「想獲得上司的認同，我應該做呢？」

③**透過五感將實際的感覺特定出來**：像「減肥」「提升業務能力」等等，這些抽象的結果都必須要透過五感特定出來。例如「提升業務能力」用五感將實際的感覺

特定出來，就是「客人面帶微笑（視覺）對我說『謝謝』（聽覺），內心感到很溫暖（身體感覺）」。

④**維持現狀的肯定因素**：有時候內心會反而希望結果不要實現。像「減肥」的這個例子，只要不實現減肥，大輔就不需要拒絕朋友們的飯局邀約。因此，維持現狀的肯定因素就變得很重要。以大輔為例，當他拒絕朋友們的邀約，就要注意不要發生問題。

⑤**適應外在的環境**：想要實現結果，卻可能發生問題。當我們在計劃如何實現結果，需要將外在的影響考慮進來。

改變目標的「意元」

看待事物時，我們可以從整體來看，也可以從細節來看。舉例來說，汽車，電車跟飛機，都屬於交通工具的一種。而汽車又分成房車，卡車，公車等。像這樣將事物分類，我們稱作「意元」（chunk）。

從整體來看待事物，稱作「上堆法」（chunk-up）。上堆法是從部分堆集到整體，

上堆法與下切法

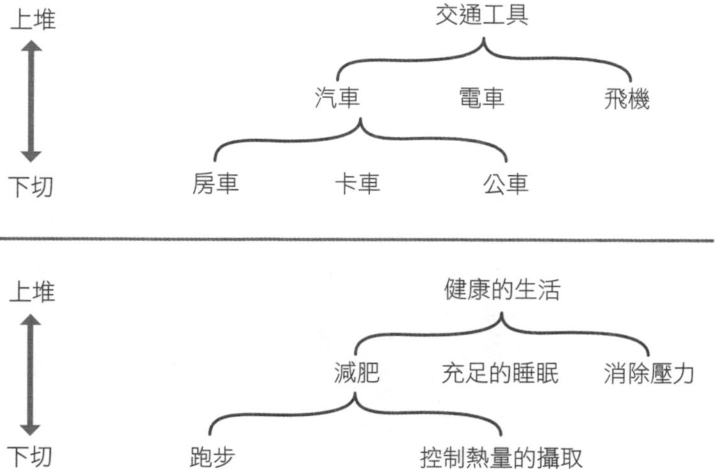
上堆
下切
交通工具
汽車
電車
飛機
房車
卡車
公車
上堆
下切
健康的生活
減肥
充足的睡眠
消除壓力
跑步
控制熱量的攝取

從具體整合到抽象。舉例來說，車子的上堆就是交通工具。

相反地，從細節來看待事物，則稱作「下切法」（chunk-down）。下切法是從**整體分割到部分，從抽象離散到具體**。舉例來說，汽車下切之後，就會分成房車、卡車及公車。

當我們在設定結果，這兩種思考方式就能派上用場。

將「減肥」這個結果進行上堆，就會得到「健康的生活」。接著進行下切，則會得到「跑步」「控制熱量的攝取」等等。

要實現結果，就必須採取實際的行動。對抽象的意元進行下切法，將結果具體化，就容易採取行動。

舉例而言，「為人類貢獻」是一個很抽象的意元。進行下切法後會得到「為社區貢獻」，繼續下切後會得到「打掃公園」，再下切一層會得到「下個星期日早上去打掃公園」。

你不知道「為人類貢獻」該做些什麼，但如果是「下個星期天早上去打掃公園」，你就很明確地知道要做什麼了。

對微小的意元進行上堆法，將結果抽象化，就能夠賦予結果意義，並提高實現的動力。人們會從事有意義的事情，不會做沒意義的事情。

例如，對「收拾桌子」這個結果進行上堆法，就會得到「工作效率」，再做依次上堆就會得到「提升自我管理」，再上堆一層，就會得到「自我認同」。雖然「收拾桌子」這件事你不想做，但連結到「自我認同」，就能夠提高動力。

WORK

八個框架與結果

❶ 你想得到的結果是什麼？

❷ 你如何得知自己得到結果？（證據）

❸這個結果是何時、何地、和誰一起達成的？（狀況）
❹想要得到這個結果，會給自己或旁人帶來怎樣的影響？（環境）
❺要得到這個結果所需的資源，你已經擁有哪些？還有哪些是你需要的？（資源）
❻如果有什麼事情阻止你得到這個結果，會是什麼呢？（限制）
❼你得到這個結果，代表什麼意思呢？（後設結果）
❽你該從何處開始著手呢？（行動計劃）

「預測未來最好的方法，就是創造未來。」

丹尼斯．蓋博

找到令人雀躍的夢想

迪士尼策略

美紀最近的工作是負責與網頁業者進行洽談。她很喜歡這份工作，但她並沒有花很多心力在公司的事情上面，因為她想從事專門網頁設計工作的想法越來越強烈。她考慮過要不要跳槽到網頁製作公司，但是無法下定決心。

在職場上跟各式各樣的人進行工作上的洽談，大家會互相交換意見，但每個人的特性皆不相同。

有些人擅長提出點子，他們多半天馬行空，不斷想出令人雀躍的點子。有些人則擅長執行計劃，他們多半會務實地進行工作的分配。有些人則擅長找出問題點，他們多半會預測問題的發生，或是對計劃提出意見。

像這樣，大家用各種觀點來看事情，然後互相交換意見進行討論，就能夠得到理想的結論。

如果只有擅長提出點子的人聚在一起討論，就無法整理出一個具體的計畫，也難以實現這個點子。如果只有擅長訂定計劃的人聚在一起討論，就算實現了點子，內心也不會感到雀躍，還可能在執行問題的時候發生問題。如果只有擅長找出問題點的人聚在一起討論，就算找到問題點，也想不出解決的方法，具體的執行計劃也會變得不切實際。

這也適用在實現個人的夢想和目標上。

我們可能擅長提點子，也可能擅長執行計劃，或是擅長找出問題點。我們可能不擅長所有的事情，但只要將不擅長的部分一起思考，就能夠使夢想和目標變得更完美。

夢想家、實幹者、批評者

NLP的共同開發者羅勃・帝爾茲（Robert Dilts）發現，華特迪士尼將提出點子的「夢想家」（dreamer），訂定執行計劃的「實幹者」（realist），以及尋找問題點的「批評者」（critic）三個不同角色分別運用。「迪士尼策略」就是藉由運用這三個角色，創造出富含創意、實際且零缺點的夢想或結果。

◉夢想家

天馬行空地想像，並提出點子。夢想家會思考「想做什麼」「做了之後會獲得什麼」。在這個階段不需要考慮到底可不可行，最重要的是自由地描繪想像。**「描繪夢想」主要是運用視覺來進行。試著在腦中想像夢想實現的樣子。**身體的姿勢是頭跟視線稍稍上揚。

◉實幹者

訂定實際的執行計劃。實幹者會思考「該如何具體執行」「何時、何地，該由誰來負責執行」。「實幹者」並非指他們對現實妥協，而是他們相信夢想家所描繪的夢想是可以被實現的。採取行動、執行計劃時，**主要是運用身體感覺來感受。**身體的姿勢是頭跟視線呈現水平，上半身微微向前傾。

◉批評者

評論計劃的執行狀況。批評者會思考「計劃哪邊有問題」「有人持反對意見嗎」。他們也會站在第三者的立場來思考。批評是針對計劃本身，而不是人。**主要用聽覺來進**

行理論分析的思考，也會運用與自我內心溝通的內部對話方式。身體的姿勢是頭跟視線朝下，會翹腳或抱著胳臂。

「找不到想做事情」的人，不適合擔任夢想家。這些人每當想到要做些什麼，就會變成批評者，很有可能讓想做的事情變得無法進行。

「無法採取行動」的人，不適合擔任實幹者。這些人只會訂定或評論結果，無法實現事情。

而「想實現目標，但在過程中無法順利執行」的人，不適合擔任批評者。這些人從批評者的角度來確認行動計劃，能夠降低過程中發生問題的可能性。

要實現結果，夢想家、實幹者及批評者皆是不可或缺的重要角色。

重覆扮演三個角色

美紀運用迪士尼策略來思考網路設計工作。

迪士尼策略中，會先訂出夢想家、實幹者、批評家及中立的位置，當你進入到夢想

夢想家．實幹者．批評者的身體姿勢

夢想家　頭跟視線稍稍上揚

天馬行空地想像，
並提出點子

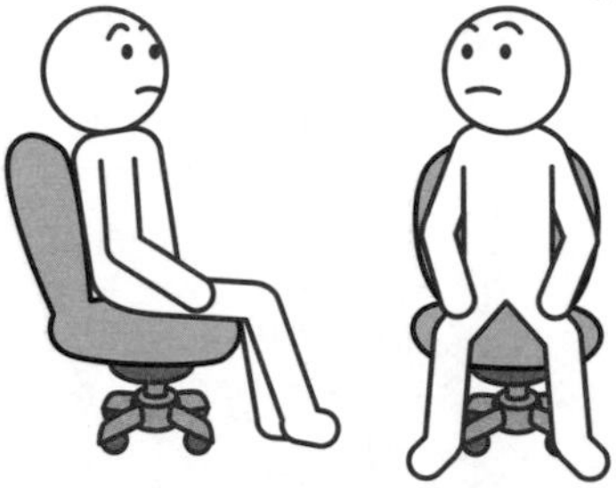

實幹者　頭跟視線呈現水平，上半身微微向前傾

訂定實際的
執行計劃

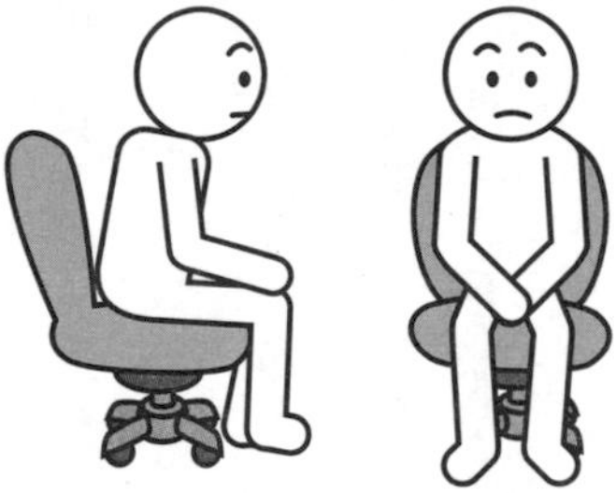

批評者　頭跟視線朝下，會翹腳或抱著胳臂

評論計劃
的執行

家的位置，就會成為夢想家的狀態。像這樣，我們會先將各個位置及狀態做連結，對每個位置分別建立不同的空間心錨（↓155頁）。

具體的方法如下。首先進入夢想家的位置，姿勢是頭跟視線稍稍上揚，然後在腦中浮現自己天馬行空的想像，提出點子的樣子。完整體驗之後，就能夠將夢想家的位置與夢想家的狀態做連結。

下一步則進入實幹者的位置，這時的姿勢是頭跟視線呈現水平，上半身微微向前傾，然後在腦中浮現自己實際執行、訂定的計劃。完整體驗之後，就能夠將實幹者的位置與實幹者的狀態做連結。

接著進入批評者的位置，頭跟視線朝下，然後在腦中浮現自己對計劃做有建設性的批評。完整體驗之後，就能夠將批評者的位置與批評者狀態做連結。

將三個位置與狀態做連結之後，回到中立的位置，然後決定結果。美紀決定自己的結果，是「想從事更專業的網頁設計工作」。

有了結果之後，美紀進到夢想家的位置，試著提出想法。美紀的想法是「我要成為網頁設計師，製作漂亮的網頁。我想讓客戶看了我製作的網頁而開心。」

接著美紀進入實幹者的位置，試著思考行動計劃。美紀的計劃是「辭掉工作，去網頁設計的學校上課，然後找個網頁製作公司的工作。」最後美紀進入批評者的位置，對計劃進行評論。美紀覺得「辭掉工作風險很高。因為她不知道自己能不能如她所願地換到想要的工作。」

像這樣依序重覆夢想家、實幹者及批評者角色的想像。進入不同的位置，就採取該位置的姿勢，成為該角色的狀態。

美紀再次進入夢想家的位置，試著提出想法。她的想法是「先靠自己的力量完成公司外包的工作」。接著她進到實幹者的位置，思考行動計劃。她的計劃是「找看看有沒有可以下班後進修的網頁設計學校。學到了網頁設計的技巧之後，再跟上司討論看看，公司的網頁設計是否能由自己來做。」最後美紀進入批評者的位置，針對自己的想法或行動計劃做評論。美紀覺得「工作上有時候雖然會需要加班，但只要能夠補課，應該就沒問題。」

夢想家、實幹者及批評者皆達成協議，美紀感受到自己想要學習網頁設計的欲望。

WORK

迪士尼策略

❶先訂出中立、夢想家、實幹者及批評者的位置。

❷將夢想家，實幹者及批評者的位置，與個別的狀態做連結。

①進入夢想家的位置，姿勢是頭跟視線稍稍上揚。然後在腦中浮現自己天馬行空的想像，並提出想法的樣子。

②進入實幹者的位置，這時的姿勢是頭跟視線呈現水平，上半身微微向前傾。然後在腦中浮現自己實際並具體訂定出計劃的樣子。

③進入批評者的位置，頭跟視線朝下。然後在腦中浮現自己對計劃做有建設性批評的樣子。

❸回到中立的位置，然後決定結果。

❹再次進入夢想家的位置，天馬行空地想像，使想法擴展。

❺接著進入實幹者的位置，該如何做才能實現結果，對結果訂定行動計劃。

❻然後進入批評者的位置，尋找缺乏的部分，並評論行動計劃。

❼進入夢想家的位置，針對批評者的批評，提出具有創意的解決方法。
❽在夢想家、實幹者及批評者三者達成協議以前，重覆步驟⑤～⑦。

「好奇心總是能告訴我們嶄新的道路。」

華特・迪士尼

學習達人的方法

模擬原理

當我們想要學會做某些事情，此時，最快的方法並非從頭思考該如何做，而是去學習別人厲害的方法，我們稱作「模擬原理」。

NLP也是透過模擬原理發展出來的。後設模式是模擬了弗烈茲皮耳斯的格式塔療法，以及維琴尼亞．薩提爾的家族治療。而米爾頓模式則是模擬了米爾頓．艾利克森的催眠療法。透過不斷模擬達人的作法，讓NLP有了持續性的發展。因此，模擬原理可以說是NLP的基本技巧。

進行模擬原理，要先將自己想學會的事情特定出來，並選出一個模範。模範請選一個自己能具體想像的人，像是身邊的人，或是電視上常見的人都可以。

接著想像一個螢幕在眼前，然後將模範的行動投影在螢幕上。如果你不擅長的事情是做簡報，就想像一個很會做簡報的人，正在台上進行報告。你要去仔細觀察模範的身體動作、音量及聲調等等。

運用模擬原理，讓自己變身達人

想像一個螢幕，
螢幕前有一個模範人物 ▶ 接著將模範
想像成自己 ▶ 自己到螢幕前面，
實行演練

接著將螢幕中的模範轉換成自己，想像自己正在做模範的動作。例如，想像自己正落落大方地做著簡報，這就是脫離（↓167頁）。運用脫離，可以客觀地進行觀察。

完整觀察之後，自己進入螢幕，採取行動演練。若是做簡報，就想像自己正在做簡報的樣子，這就是結合（↓167頁）。運用結合，可以進行實際的體驗。

●拓展自己的可能性

模擬原理的重點不是「為什麼」，而是「該如何做」才能上手。

傳統的學習方法，是將學習的因素一

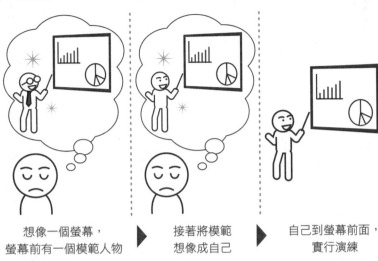

個一個往上加疊。以做簡報為例，一開始先學習說話的方式，接著則是學習態度。但模擬原理從一開始就將所有的要素一起掌握。不論是說話方式、態度、表情、肢體語言等等，全部都一併學習。如果其中包含了不必要的因素，再將不必要的部分去除即可。

有時即使運用模擬原理，也無法跟模範採取相同的行動。這是因為每個人的生長背景或身體特徵等皆不同。但即使如此，也可以透過模擬原理，將模範的行為舉止或想法加以利用，就能夠拓展自己的可能性。

WORK

行動的模擬原理

❶ 先決定一個自己想學會的行動。
❷ 接著選一個擅長此行動的模範。
❸ 在眼前想像一個螢幕，然後將模範的完美演出投影在螢幕上。
❹ 然後將螢幕中的模範換成自己，想像自己正完美地進行此行動。
❺ 自己到螢幕前，實際採取此行動。並重覆演練多次。
❻ 然後脫離，想像將來自己採取此行動的樣子。（未來模擬↓112）

統合自我

神經語言邏輯層次（Neurological Levels）

大輔負責的企劃案正面臨緊要關頭。他身為企劃案負責人，要做的事情已經夠多，但其他組員卻常常叫他或找他討論事情。

大輔覺得其他組員會打擾他的工作。有時候他會用出現耐煩的態度。

大輔在「其他組員卻常常叫他，或找他討論事情」這樣的「環境」下，採取了「用不耐煩的態度去面對」這個「行動」。

我們會意識到「環境」，也會意識到「行動」。

NLP的共同開發者羅勃·帝爾茲開發了一個模式，將人的意識分成六個層次，分別為「環境」「行動」「能力」「信念·價值觀」「自我認知」及「精神」，稱作「神經語言邏輯層次」。

六個層次如上圖所示。「環境」位於最底層，依序向上是「行動」「能力」「信

神經語言邏輯的六個層次

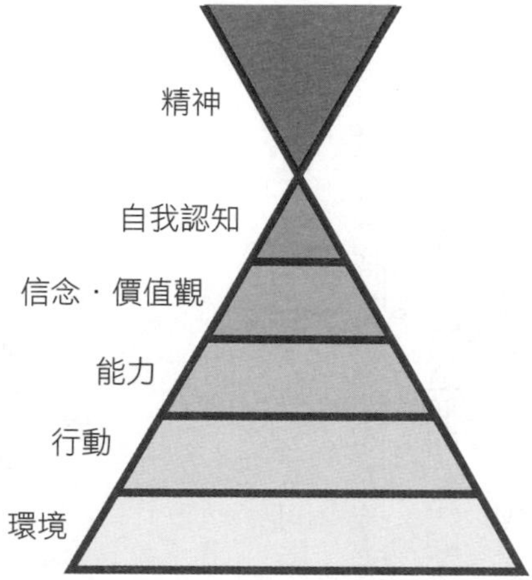

人的意識層次分為六階段。當上面的層次發生改變，
下面的層次也會跟著改變。

念．價值觀」「自我認知」及「精神」。

這六個層次是相關的，當上面的層次發生改變，下面的層次也會跟著改變。每個層次的內容如下：

◉環境層次

是指個人周圍的狀況。透過五感來發覺身旁存在哪些人，看見哪些事物，聽見哪些聲音，在怎樣的工作環境，工作時間，休假，行程等等，這些因素會成為機會或限制。例如，「when?（何時）where?（何地）」這些問題的答案就是屬於環境層次，例如，「沒有整理辦公桌」。

◉行動層次

是指個人正在做什麼。像是正在工作，正在休息，正在說話，正在讀書等等。有些是主動的行動，有些是反應的行動。「what?（什麼）」這個問題的答案就是屬於行動層次。改變行動層次時，環境層次就會隨之改變。「沒有整理桌子就回家」就屬於行動層次。整理完桌子再回家，桌子就會變整齊。

◉能力層次

是指為了採取特定行動所需的技巧、技術及資質。具體來說，像溝通技巧，知識，體力，語言能力，時間管理能力等等，皆包含在內；策略（↓142頁）也屬於能力層次。「How?（如何）」這個問題的答案就是屬於能力層次。改變能力層次時，行動層次就會隨之改變。「無法做好自我管理」就屬於能力層次。學會自我管理，行動就會隨之改變，就能將辦公桌整理整齊之後再回家。

◉信念・價值觀層次

信念是自己相信的事情，如「有志者事竟成」「我不適合這個」「我應該要」「實現夢想」「男性～」「女性～」「社會人士～」等等。價值觀對自己來說是很重要的，如愛、安心、成長等等。信念・價值觀會促進能力及行為的發展，相反地，也會限制能力及行為。「Why?（為何）」這個問題的答案就是屬於信念・價值層次。改變信念・價值觀層次，能力層次就會隨之改變。「只要做交辦的事情」就是信念。將信念改變成「將身邊的事情做好是理所當然的」，能力就會隨之改變，也就能夠做好自我管理。

◉自我認知層次

是指自己是誰，自己的角色及使命為何，如上班族、業務員、優秀的員工、沒用的員工、父親、母親等等。

「Who?（誰）」這個問題的答案就屬於自我認知層次。改變自我認知層次，信念・價值觀層次就會隨之改變。「平凡的員工」就是一種自我認知。將自我認知改變，則「成為帶給別人良好影響的領導者」、「只要將交辦的事情做好」，就會變成「將身邊的事情做好是理所當然的事情」。

◉精神層次

是指超越個人的意識，超越自我，屬於某個巨大系統的一部分。例如自己是公司的一員，自己是家族的一員，或是自己是某一地區的一員，與身旁的人有所連結，與自我的存在意義及目的相關。「For Whom?（為誰）」「For What?（為何）」這些問題的答案就屬於精神層次。改變精神層次，自我認識層次就會隨之改變。對於「公司是公司，我是我」這種精神層次薄弱的人來說，只要改變成「我是公司重要的一員」，就能讓自我認知從「平凡的員工」變成「帶給別人良好影響的領導者」。

統合六個層次

在神經語言邏輯層次中，有時候改變下面的層次，上面的層次也會跟著改變。例如環境改變，行動就會有所改變。

一般來說，上面的層次較具有影響力。上面的層次改變，下面的層次也會隨之改變。上面的層次若是沒有改變，下面的層次也不會改變。舉例來說，雖然想要整理桌子而改變行動，但如果仍抱持著「只要將交辦的事情做好」這種想法，就不容易達成。

若是想達成某些結果，或是想解決某些問題，就要將環境、行動、能力、信念・價

上面的層次改變，下面的層次也會跟著改變

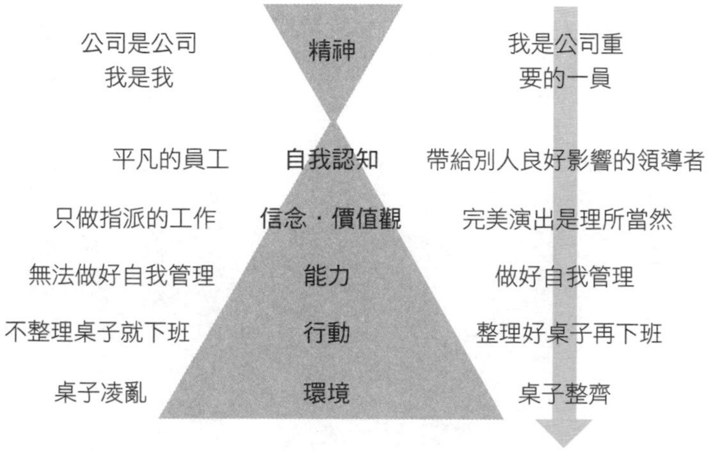
公司是公司
我是我
精神
我是公司重
要的一員
平凡的員工
自我認知
帶給別人良好影響的領導者
只做指派的工作
信念・價值觀
完美演出是理所當然
無法做好自我管理
能力
做好自我管理
不整理桌子就下班
行動
整理好桌子再下班
桌子凌亂
環境
桌子整齊

值觀、自我認知、精神這六個層次做統合。只要能夠統合這六個層次，就能夠完成自我的一致性，容易實現目標。

針對結果或是問題，可以依序用環境、行動、能力、信念・價值觀、自我認知、精神這六個層次來進行思考，接著再從自我認知開始進行反向思考，依序是自我認知、信念・價值觀、能力、行動、環境，這個方法稱作「統合神經語言邏輯層次」。

WORK

統合神經語言邏輯層次

❶先設定一個結果，然後分別決定環境、行動、能力、信念．價值觀、自我認知、精神這六個層次。

❷接著思考在環境層次中，自己的周圍存在哪些人，看見哪些事物，聽見哪些聲音等等。

❸前進至行動層次。思考在這個層次中，自己正在做哪些事，或是需要做哪些事情。

❹前進至能力層次。思考在這個層次中，自己擁有哪些能力，或是自己需要學會哪些能力。

❺前進至信念．價值觀層次。思考在這個層次中，自己相信什麼，或是自己重視的是什麼。

❻前進至自我認知層次。思考在這個層次中，自己所扮演的角色（使命）為何。

❼前進至精神層次。認同自我的存在，然後與超越自我的存在做連結。接著想像體驗結果。

❽ 接著退回自我認識層次，思考這個層次中的自己。
❾ 退回信念．價值觀層次，思考這個層次中的自己。
❿ 退回能力層次，思考這個層次中的自己。
⓫ 退回行動層次，思考這個層次中的自己。
⓬ 退回環境層次，思考這個層次中的自己。
⓭ 確認今後的改變（未來模擬↓112頁）。

解決同儕壓力

在其他組員呼叫大輔時，有時候他會用不耐煩的態度去面對。由於大輔想要心平氣和地面對組員，因此他試著統合自己的神經語言邏輯層次。

・**環境層次**：組員們常常呼叫自己，因此覺得自己的工作受到干擾。
・**行動層次**：用不耐煩的態度去面對組員。

・能力層次：具備企劃案所需的知識，並發揮時間管理的能力。
・信念・價值觀層次：具備一定要讓企劃案成功的信念。價值觀是成功。
・自我認知層次：身為企劃案的負責人，使命是讓企劃案成功。
・精神層次：認同自我的存在，然後跟超越自我的存在做連結，再體驗結果。大輔感受到自己與組員及相關人員的連結，以及與更巨大的事物彼此連結的感覺。大輔花時間深刻體驗這個感覺，他感受到胸口一陣溫熱。

他維持這種感覺，接著往回走。

・自我認知層次：身為企劃案的負責人，使命是要栽培組員。
・信念・價值觀層次：信念是「缺少組員的成長及歡喜，企劃案就不會成功」。價值觀是團體合作。
・能力層次：擁有溝通能力。能夠用心傾聽。
・行動層次：與組員好好地進行溝通。
・環境層次：雖然自己不主動跟別人說話，但會受到組員干擾。這是因為自己深受組員們信賴，處在一個很棒的環境中。

統合神經語言邏輯層次

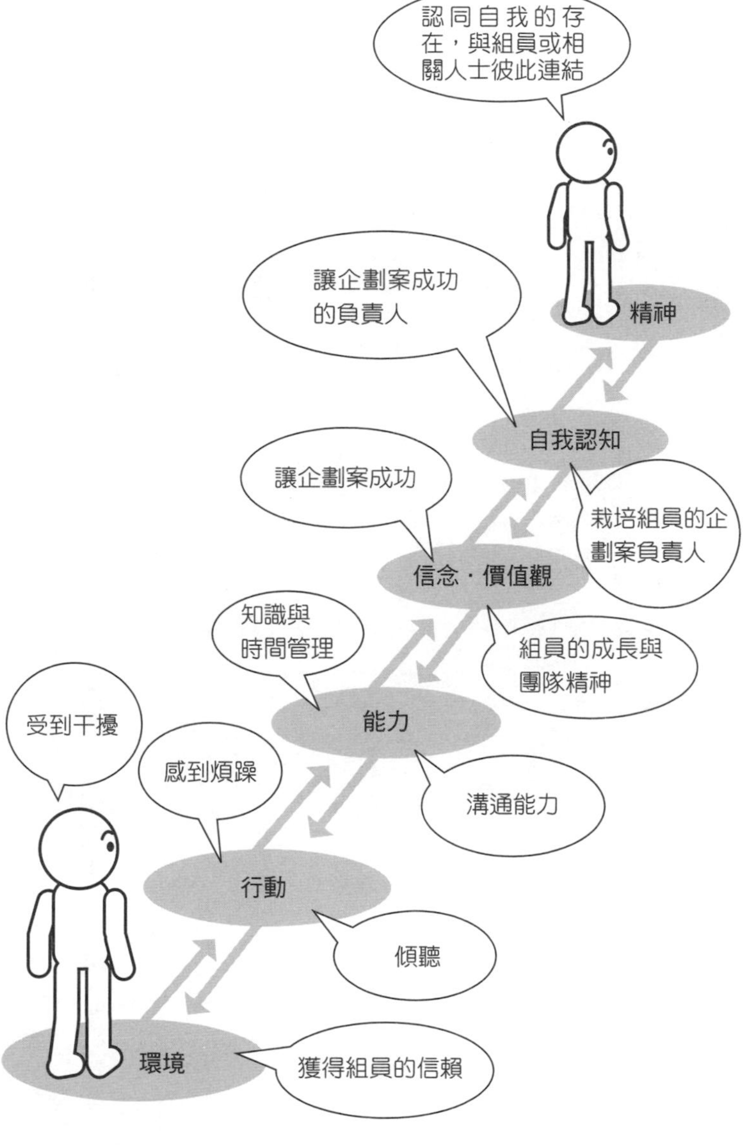
認同自我的存在，與組員或相關人士彼此連結
精神
讓企劃案成功的負責人
自我認知
讓企劃案成功
栽培組員的企劃案負責人
信念・價值觀
知識與時間管理
組員的成長與團隊精神
能力
受到干擾
感到煩躁
溝通能力
行動
傾聽
環境
獲得組員的信賴

大輔從精神層次一路倒回來，發現自我認知、信念・價值觀、能力、行動、及環境，全部都有所改變。

過去一直覺得組員會干擾到自己的工作，但是現在他只要一想到組員，內心就充滿了感謝。

「最後，感謝您閱讀本書。」

相隔一年之後，大輔跟美紀兩人在高中社團的同學會上碰面了。

「好久不見。一年前你說工作很忙碌，你現在看起來過的不錯呢，好像稍微瘦了一點。」

「我減肥了啦。雖然依舊很忙碌，但過得很開心喔。」

「那就好。」

「前陣子參與一個案子，前幾天最終報告順利結束，正好告一個段落。」

「很有活力耶你。」

「案子結束時，組員跟我說『能夠在大輔手下工作真是太好了』，聽到這我超開心的。」

「那很棒啊。」

「美紀你一年前曾説過，你每天都過得很單調無趣。」

「你這麼一説我想起來了，我現在開始去網頁設計學校上課了喔，我想以後工作上能夠用到。」

「是這樣啊。聽到這些事情，我感到很開心呢。」

「我也是。看到你很有元氣，我也很開心。」

大輔身為企劃案負責人，他將重點放在提升及發揮自我能力，積極工作。他在工作之中更發現組員們成長的重要性，結果成功完成企劃案。

美紀過去過著單調無聊的日子。她一開始先處理自己問題跟煩惱，最後不論公私，她都建立起良好的關係，並朝著未來的自己邁進，過著生氣蓬勃的每一天。

ＮＬＰ的創始者理查・班德勒將ＮＬＰ定義為「是核心，是方法論，也是科技。」

他曾説：

「學習神經語言程式學所獲得的，最重要的並非一連串的技巧，而是對人生所抱持的想法及態度。這些都與好奇心緊緊相關，對發生在自己周圍的事情抱持興趣，然後產生影響，變成有用的東西。」

理查・班德勒《神經語言程式學——只要用腦就能改變自我》
（酒井一夫譯，東京圖書）

大輔跟美紀的改變，對人生的態度跟想法，正是NLP的核心。透過NLP改變別人與自我的溝通方式，提升對自我的肯定，可以進一步改變對人生的態度。

我自己在大學畢業後，便進入銀行工作。在銀行工作的時候，由於與上司相處不順，以及人際關係而感到苦惱，因此每一天壓力都很大，好想要自由，好想自己出來創業，想法變得越來越強烈。

之後，我輾轉待過幾間公司，終於自己出來創業，仍舊孤單地過著每一天，我的生活完全感受不到充實感。明明已經自由了，我卻還是很痛苦……。

就在這個時候，我跟NLP邂逅了。透過NLP，讓我瞭解到，我在公司之所以頂撞上司，是因為正面的意圖——我想要得獲得上司的認同。因為我想受到別人的肯定，所以我遠離了人群。

於是我決定，今後我要對人群有所貢獻。

「我想要傳授NLP。我想要給予大家協助，讓人們透過NLP活出自我，可以時時面帶笑容。」

現在，我很享受與學員的緣份，樂於從事NLP的訓練。能夠幫助學員拓展自我的可能性，真是一件很幸福的事情。

最後我要感謝多方的協助，才能完成本書，在此由衷獻上感謝。

首先感謝實務教育出版的岡本真志先生給我出版的機會，並擔任本書的編輯。因為有他的縝密，讓原稿更增添了色彩。

接著要感謝NLP溝通學校的高橋薰訓練師。感謝她總是以最棒的笑容，親切地支持我。

再來要感謝參與NLP課程的學員。正因為能夠跟所有學員結緣，我才能樂於從事NLP的訓練。

學員之中，我要特別感謝岩井裕美小姐、岡本純子小姐、金井敦志先生、中野真紀小姐以及三宅著先生。感謝他們提供對原稿的想法。

我還要感謝NLP創始者理查班德勒先生，開發、拓展NLP的諸位，告訴我NLP魅力的椎名規夫訓練師，以及諸位國內外的NLP訓練師及夥伴們。我覺得NLP的魅力，來自於從事NLP的人們的魅力。

最後，我最想感謝的人，就是閱讀本書的你。有你拿起這本書閱讀，讓本書成為你精神上的支持，我才算大功告成。

在此獻上我最誠摯的感謝，同時我也衷心期盼你的未來能發光、發亮。

前田忠志

十三畫

十四畫

十五畫以上

九畫

十至十一畫

十二畫

名詞表

英文・數字

Critic→批評者
Dreamer →夢想家
NLP
NLP的前提
realist→實幹者
TOTE模式

二至四畫

八個框架與結果（8 frame・outcome）
下切法（chunk-down）
上堆法（chunk-up）
中斷情緒（break state）
五感
內容的換框
內時間線（in time）
內部身體感覺（Ki）
內部基準型
內部視覺（Vi）
內部對話（Ad）
內部聽覺（Ai）
六步驟換框法
反應分析型
引導（leading）
心錨（anchor）
方向性
比喻（metaphor）

五至六畫

主體行動型
主體性
代表系統 →表象系統
外在基準型
外時間線（through time）
外部身體感覺（Ke）
外部視覺（Ve）
外部聽覺（Ae）
弗烈茲・皮耳斯（Fritz Perls）
未來模擬（future pace）
正面的意圖
目的志向型
「地圖非疆域」
同步（pacing）
合作
回溯法（backtrack）
有效的換框
次感元
米爾頓・艾瑞克森（Milton Ericson）
米爾頓模式（Milton model）

七至八畫

冷靜型

國家圖書館出版品預行編目(CIP)資料

實現夢想的NLP教科書：運用神經語言學，
發掘自己的無限可能 / 前田忠志作；許乃
云譯. -- 初版. -- 新北市：世茂, 2013.12
面；　公分. -- (銷售顧問金典；75)
ISBN 978-986-5779-09-2(平裝)

1.潛能開發　2.神經語言學　3.自我實現

177.2　　102019413

銷售顧問金典 75

實現夢想的NLP教科書——運用神經語言學，發掘自己的無限可能

作　　者／前田忠志
譯　　者／許乃云
主　　編／陳文君
責任編輯／廖原淇
封面設計／鄧宜琨
出 版 者／世茂出版有限公司
負 責 人／簡泰雄
地　　址／(231)新北市新店區民生路19號5樓
電　　話／(02)2218-3277
傳　　真／(02)2218-3239（訂書專線）
　　　　　(02)2218-7539
劃撥帳號／19911841
戶　　名／世茂出版有限公司
　　　　　單次郵購總金額未滿500元（含），請加50元掛號費
酷 書 網／www.coolbooks.com.tw
排版製版／辰皓國際出版製作有限公司
印　　刷／祥新印刷事業有限公司
初版一刷／2013年12月
　　四刷／2017年3月

ＩＳＢＮ／978-986-5779-09-2
定　　價／280元

黏貼處

世茂好書．豐富心靈

世潮精典．智慧同行

電話：(02) 22183277
傳真：(02) 22187539

廣告回函
北區郵政管理局登記證
北台字第９７０２號
免貼郵票

231新北市新店區民生路19號5樓

世茂
世潮 出版有限公司 收
智富

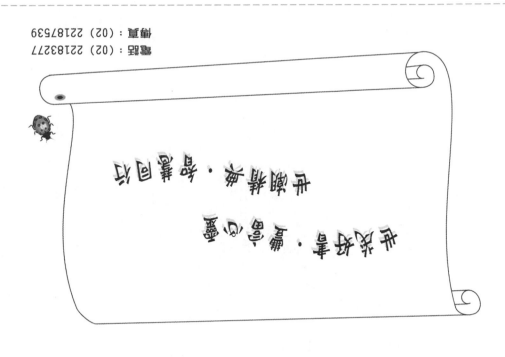

黏貼處

請沿虛線剪下裝訂寄回，謝謝！

讀者回函卡

感謝您購買本書，為了提供您更好的服務，歡迎填妥以下資料並寄回，
我們將定期寄給您最新書訊、優惠通知及活動消息。當然您也可以E-mail：
Service@coolbooks.com.tw，提供我們寶貴的建議。

您的資料（請以正楷填寫清楚）

購買書名：____________________

姓名：____________ 生日：______ 年 ____ 月 ____ 日

性別：□男 □女 E-mail：____________________

住址：□□□ ______縣市 ________鄉鎮市區 ________路街
______段 ______巷 ______弄 ______號 ______樓

聯絡電話：____________________

職業：□傳播 □資訊 □商 □工 □軍公教 □學生 □其他：______

學歷：□碩士以上 □大學 □專科 □高中 □國中以下

購買地點：□書店 □網路書店 □便利商店 □量販店 □其他：______

購買此書原因：___ ___ ___ ___ ___ ___（請按優先順序填寫）
1封面設計 2價格 3內容 4親友介紹 5廣告宣傳 6其他：______

本書評價：____ 封面設計 1非常滿意 2滿意 3普通 4應改進
____ 內　容 1非常滿意 2滿意 3普通 4應改進
____ 編　輯 1非常滿意 2滿意 3普通 4應改進
____ 校　對 1非常滿意 2滿意 3普通 4應改進
____ 定　價 1非常滿意 2滿意 3普通 4應改進

給我們的建議：--

